献给
我的母亲康士坦斯·卡罗尔·布拉姆

她曾带我去自然历史博物馆，
给我讲述了许多遥远地方的事情，
并鼓励我去寻找它们。

茶马古道

与神山对话

(美)龙安志 著

五洲传播出版社

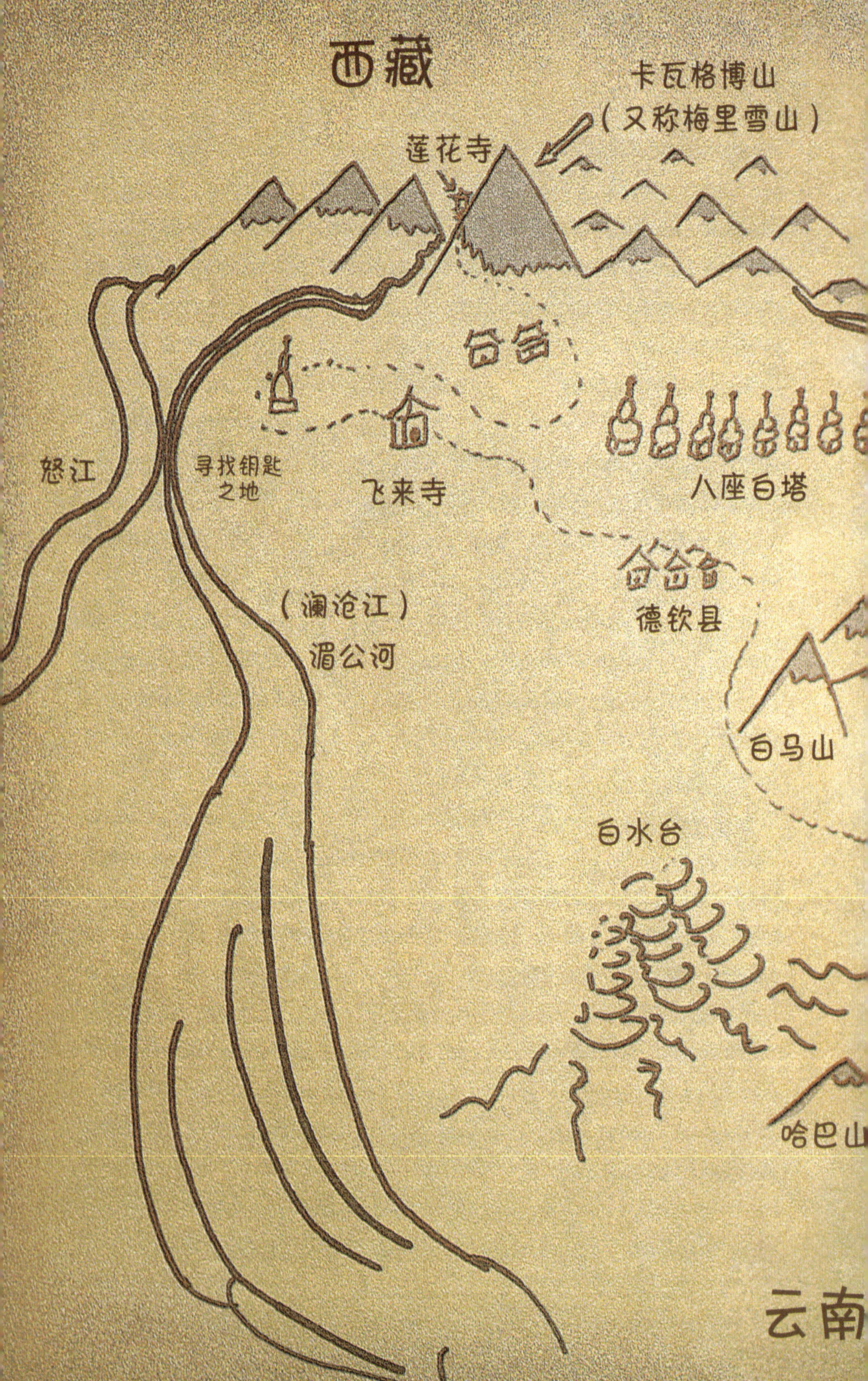

西藏
卡瓦格博山
（又称梅里雪山）
莲花寺
怒江
寻找钥匙之地
飞来寺
八座白塔
（澜沧江）
湄公河
德钦县
白马山
白水台
哈巴山
云南

N
W
E
S
四川
格姆山
玉龙雪山
泸沽湖
丽江县
束河村
长江
虎跳峡
中甸古县
大理
苍山
洱海
昆明

“尽管他外出已经很久了，但蓝月山谷的人都还记得他。”

——《消失的地平线》

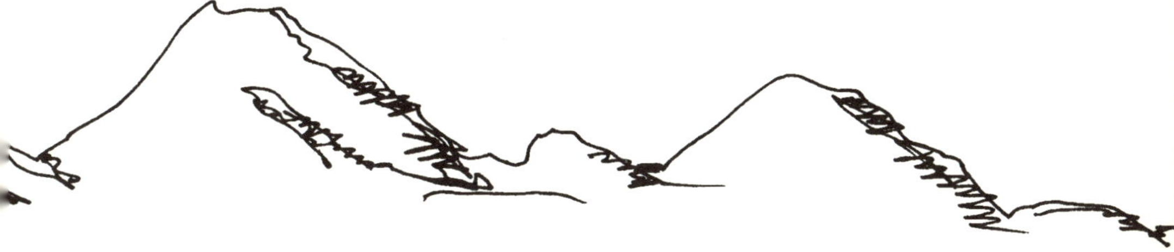

詹姆斯·希尔顿（James Hilton）1933 年发表的小说《消失的地平线》（Lost Horizon）为我们描绘了一个有着整体主义价值观的喜马拉雅王国，它藏身于富有神秘色彩的“蓝月山谷”之中。在那里，人类尊重大自然，而大自然反过来也庇护着人类。自希尔顿的小说发表之后，人们就一直在寻找香格里拉，但由于某种原因，他们却无法找到。

从2002年开始，由于厌倦了充斥于北京生活中的唯利是图和拜金主义，我放弃了自己作为一名中国投资律师的职业，关闭了自己的小型投资咨询公司，把客户介绍给我的律师和银行家朋友，随后将西装领带束之高阁，翻出尘封已久的徒步旅行书籍和曾被遗忘的双肩包。受到希尔顿向往寻找香格里拉的启发，我三次探险寻找香格里拉。为期三年的旅行成果就是我的图书三部曲以及随后拍摄的纪录片《寻找香格里拉》（2002）、《与神山对话》（2004）和《香巴拉之路》（2004），它们都是我这些年不同探险历程的写照。

《与神山对话》记录了我的2003年之旅，毫不夸张地说，希尔顿的小说《消失的地平线》成了我这次旅行的手册。我的旅行实际是沿着云南茶马古道而行，在1933年，这条路线是从中国西南进入藏区的为人所知的唯一通道。这里的少数民族及其不同的文化，连同千姿百态的地形地貌，很可能都成为希尔顿当时从《国家地理》杂志的报道中所找到的真正参照，也成为他虚构香格里拉的素材。

我的旅行始于云南省会昆明，随后的旅行路线依次为：大理——曾经的古代白族王国；丽江——纳西族王国（那里依然有着世界现存最古老的象形文字）；彝族村寨，他们

前言

仍在使用“刀耕火种”（最古老的农耕方式）；再到偏僻的泸沽湖 —— 母系氏族摩挲妇女的家园；最后抵达香格里拉县的中甸和德钦，那里屹立着藏族人所敬畏的神山 —— 卡瓦格博峰。

此后若干年，我曾数次重新踏上这条路线，每次旅行我都对商业化大潮的逐步侵蚀深有感触。相比之下，当地各少数民族则兀自坚守着自身的传统和文化。不过实际而言，文化保护最终还将取决于经济的发展。贯穿茶马古道沿途，各少数民族都在经营着小型企业，从生态旅游、茶馆客栈，到手工艺业重振、有机农业和收割，这些无一不成为维护当地人所珍视的生活方式和传统的平台。他们在不断寻找一条中间道路 —— 这是务实的理想主义道路，也是社会企业的起源。

生活在喜马拉雅山区的人们，在传统上拥有维持那里微妙生态多样性的丰富知识。这种知识教给我们怎样才能以一种更全面的方式生活。保护我们的环境，反过来也就是确保我们自身的生存。这正是希尔顿在几乎一个世纪以前写就的小说的重点所在，由此书改编而成的好莱坞电影也许恰恰漏掉了这一点。本书最后一章讲述了卡瓦格博峰的传说。这些传说中蕴涵了当地人的教诲。在现代文化语境中，这些教诲可以理解为环境保护和可持续发展的速成课程。

今天，人们在云南省能找到一些中国最具开创性的可持续发展和社会企业项目。我从旅行中遇到的很多人身上深受启发，“喜马拉雅共识”（www.himalayanconsensus.org）概念就是源自他们的经验。

“与神山对话”这个书名反映了我们作为人类的生存依赖于我们如何爱护环境这一理念。我在茶马古道上造访的每个少数民族都有自己的神山。神山是精神的守护者，守护着他们民族的生存繁衍。由于喜马拉雅山区微妙的生态多样性，对大山传统的尊重形成了约定俗成的环境保护守则，各少数民族都在小心翼翼地适度利用现有的自然资源。简言之，早在我们尚未想到“可持续发展”原则之时，云南各少数民族就已经在身体力行了。今天，我们应该好好向他们学习。

目录

昆明

大理

丽江

泸沽

中甸

卡瓦格博

三

昆明

如果你想聆听灵魂之语，
我建议你找到这座山。

昆明是云南省的省会，飞机从北京直达这里。昆明的飞机场让我想起了曼谷。这说明：云南可能是中国唯一在旅游业上采取行动的一个省。这是因为云南人向南边的泰国和东南亚寻求灵感的缘故。由于受内地影响较小，云南人在这里尝试着一条不同的途径。

当然，这并非是件新鲜事。在古代，中国的皇帝将反叛者放逐到云南。当时，云南被视为离中原王朝最远的边界，那里居住着被高山低谷禁锢的山地部落，他们固守着自己的文化，而那些被帝王流放至此的反叛者也学会了在远离部落的山野中生存。

当20多年前我第一次访问昆明时，它是一个极具魅力的小城：河道沿岸绿荫遮阳，古木青砖房仿佛摇摇欲坠。现在，这些古老的建筑都已消失，树也已被根除。昆明成了一座用水泥和玻璃堆砌而成的所谓的现代化城市，这座城市的魅力因几年前的国际花卉展而荡然无存。曾有人认为，用水泥盖住花卉以破坏与城市自然环境有关的一切是很国际化的。因此，当你来到昆明时，它看起来与中国其他的城市并无两样。但是，昆明是你云南之旅的起点，只有离开这座城市后，你才能开始这趟旅行。

昆明已经变成了一个摇滚类的城镇，古河道沿岸的工厂已被改成了工作室。换季时节，许多富有创造力的艺术家在那里工作。与旅行者一样，他们的的确确把昆明当做前往茶马古道沿途其他地方的起点。

现实中的茶马古道北起思茅，南至普洱：一条路线向南穿过红河谷，一直延伸到越南、老挝和缅甸；另一条路线经大理、丽江、泸沽湖、中甸，沿陆路穿过神圣的卡瓦格博峰（梅里雪山主峰）抵达圣城拉萨，而后从拉萨转至日喀则，到达尼泊尔和印度。

茶叶经过茶马古道被运到印度，而马儿拉着的商队则将印度的佛经带回中国。正是经过茶马古道（有时也被称为“南丝绸之路”），各种商品、思想和哲学才得以在东亚、南亚和东南亚之间加强融汇为一种文化。

在古代，骡子和马儿载着的商队就是沿着这条路线浩浩荡荡地跋涉。骡子和马儿背上驮着密密编织的篮子，篮子里是压成砖块形状的茶叶。马背上是特制的马鞍，便于大量放置这种砖块形状的茶叶。旅途充满艰难险阻。茶马古道沿途不同的少数民族都有各自的驿站。因而，要将茶叶带到印度，就意味着商队要经过不同的少数民族地区，穿越他们的信仰王国。

茶马古道上沿途不同的站点都有自己的少数民族，每个少数民族都有自己的神山。他们崇拜神山的精神，神山反过来又保佑着他们。关于这一点的另一种解释是，理解人类与自然环境之间的关系是令人敬畏的一件事情。人类爱护自然环境以及大自然为人类提供的水资源和食物，而大自然则以对人类的眷顾作为回报。当地人恪守大自然这个无言的规则。春天花开之时，山上冰川雪水融化，滋养着田地和草原，人工修造的隧道将山上的雪水引入村庄和城镇，在为人们带来清澈淡水的同时也哺育着人类文明茁壮成长。

是的，人们从不会忘记僧人和喇嘛，而僧人和喇嘛从未忘记与神山对话。我去寻找这些僧人和喇嘛。他们告诉我怎样才能与神山对话。

这还是我在2003年沿着茶马古道徒步旅行时候的经历了。当时，我从昆明启程前往白族人的家园——大理。然后转往古代纳西族王国——丽江，他们依然在使用世界现存最古老的象形文字。随后的一站是泸沽湖——摩梭妇女的家园。接着，我穿过彝族山寨，那里的人们在农耕中还在沿用着古老的刀耕火种。最后，我前往香格里拉县，在藏族人尊崇的保护神——卡瓦格博峰结束了我的朝圣之旅。

在茶马古道沿途的各个站点，我发现每个少数民族都尊重自己的神山。这里要讲述的就是寻觅神山以及学习他们怎样与神山对话的故事。

幻灭般的失落

“雪茄烟即将燃尽，方才品尝到折磨我们的那种幻灭感……他却寄来一封短信，告诉我，他又要去云游四海了，几个月都不会有固定地址。他要前往的是克什米尔，然后去‘东方’。对此我倒是一点都不奇怪。”

——《消失的地平线》

我出生在纽约。我猜，你一定会说我是在纽约长大的。其实，我在那里只待到10岁，后来便搬到了康涅狄格（美国东北部的一个州）。

我最早的记忆就是：坐在纽约公寓铺有地毯的地板上，翻阅着《国家地理》杂志。那时我还是个孩子，对那些图片格外着迷，情不自禁地就想翻看它们。最让我着迷的是那些放声大笑的孩童、头包印花手帕的妇女、以古银币点缀的部落头饰，以及在亚洲某山建在高桩上的岌岌可危的木屋。这些木屋隐藏在薄雾缭绕的山谷里，依山腰而建。不知为何，我竟对那些地方满怀憧憬，向往能够住在其中的一间房子里。

这些地方看起来十分遥远。有时，我能在下午五点由沃尔特·克朗凯特（原哥伦比亚广播公司的新闻台柱）主播的晚间新闻里看见它们，在绿色贝雷帽巡查村落时看见它们，或是在沙沙作响的一个电影镜头中，拨开灌木

丛看见它们。我不明白为什么这么多的士兵想炸掉建在高桩上的房屋，人们告诉我这是为了拯救那些裹着头帕的妇女和儿童。

从孩提时，我记得自己就流连于纽约自然历史博物馆，在巨型恐龙骨骼、巨足以及熊和藏羚羊的标本面前感觉自身的渺小。我曾几个小时地盯着美洲印第安人长形的独木舟。那里还有身穿熊皮、头戴萨满面具的人物展，整座屋子都充斥着他们的力量。我可以连续几个小时地凝视这些萨满面具，想弄清它们到底像什么。

这家博物馆令我着迷。巨穴形的走廊通往一间屋子，那里摆设着许多身着爱斯基摩人、非洲人、阿拉伯人和波利尼西亚人传统服装的模特。年幼的我凝视着这些模特，很想知道真正身穿这些服饰的人们究竟是怎样生活的。后来有一天，博物馆开放了亚洲屋，于是我前去参观。

山地部落的影像又回来了：从无人攀登的群山中的融化冰川里流淌出一条河流，幽谷用这条河流切断层层梯田。我无法将它们从记忆中抹去。我再次想知道，在山腰上的木屋里居住会是什么情形。这样的木屋周围一无所有，除了风中摇曳的罂粟花和深谷中回荡的缥缈回声。我想要攀登那些群山。

正是在那时我搬到了康涅狄格州。

在高中时，我曾上过一门有关印度和东南亚的课程。十分有趣的是，关于两个土地辽阔、人口众多、有数千年历史的文明古国却被缩略为仅仅半学期的课程，而且是以科目“印度和东南亚”教授美国高中生。这听起来有点像拉拉队长在足球场上讲的话。

足球场上，秋叶一片片落在我的脚边，我早已忘记了球队，也再也听不到拉拉队长的声音了。我的目光追随着落叶，不知怎么的，我的思绪就随着风儿飘向远方的大山。我的心其实已经在大山了，然后，我就想到了“印度和东南亚”。

他们忘记在课堂上告诉我们：这些强大的文化源于三条大河——恒河、澜沧江和长江。它们汇集在无法攀登的神圣的西藏雪山前面。在听过几次讲座之后，我开始寻找旧的《国家地理》杂志。我要寻找大山，寻找住在山那边的人们。

我找到了，实际上我是在一本旧的《国家地理》杂志里找到了一张地图。地图标示了东南亚地区所有的山地部落，其中有越南、柬埔寨、缅甸、泰国和中国的云南省。以前，我从未听说过云南，它也没有出现在沃尔特·克朗凯特主播的新闻报道中。地图对苗族、傣族、彝族和长颈喀伦族进行了浪漫的描述。他们居住在建于高桩上的木屋里，皆裹着印花头帕。

我记得，我展开了这张旧地图，用胶带将它贴在我做作业的书桌上方的墙壁上。我告诉母亲我将记下所有这些部落的名称，我的确做到了。后来，我忘了那张地图，也忘了那些部落，我将它留在了早已离开的那个儿时卧室的白灰墙上。

1981年，我作为留学生来到中国学习。当时，人人都穿蓝着绿。我没有看到在《国家地理》杂志上见过的那些色彩丰富的山地部落的装束，只看见在北京火车站游荡的沉闷的藏族人，还有许多坐在塞得满满的蓝绿色帆布包上的同样沉闷的其他中国人。他们躺在布包上等购一张火车票，以返回离别不久且并不急于返回的地方。为什么他们都在等购车票呢？不久我便明白了，

在当时即便是买一张火车票，你都要有关系或者熟人才行。

1981年底，我离开了中国大陆前往香港。

那时的香港似乎是一切的中心。的确，它是中国商业的中心，而商业是生活的中心。每天，人们都在长时间地谈论生意。的确，我忘记了那些住在架在高桩上木屋里的山地部落。在合同谈判及紧张讨价还价的刺耳声中，在开放的、发展的及处于困境的市场运作和币值跌升中，我渐渐淡忘了他们。从早间咖啡、下午茶到傍晚酒吧小酌再转战夜店直至次日凌晨，我们探讨的

话题全是关于市场。

20世纪80年代，我从事律师职业，为跨国公司来华投资草拟合同。我在香港的一家英国法律事务所工作。每天都身着黑色的西服，内穿带有白领和袖扣的蓝色衬衫。有时，我感觉自己已无法呼吸，仿佛被塞进了这套西服里，每天乘电梯上上下下，穿梭于楼层之间，就连晚上做梦都在影印文件。

这就是20世纪80年代一个专门研究中国贸易的律师在香港的生活。事实上，任何一个所谓的“中国通”都不能理解当时中国发生的一切。但那并不重要，没有人能理解。所以你可以非常从容地在中心金融区乘坐豪华办公大楼的电梯上上下下，谈论着实际上你并不理解的事情。对律师、会计、顾问和夜总会的女招待来说，讨论的事情都是按小时计账的，其价格与你微微点头、用双手递给潜在客户的名片上所印的真实身份相符。

当要离开办公室去度假的时候，大多数的律师同行会选择去马尼拉、普吉岛、芭堤雅的海滩和酒吧，或者去打高尔夫。对律师、银行家及他们的客户来说，打高尔夫非常重要。用完全不合适的工具竭力将小球打入无数的小洞中以消磨时光，我从不加入这些高尔夫式的休假队伍中。实际上，我认为高尔夫场应该全部收归国有，改造为有机农场，为穷人种植粮食！

我不会去学打高尔夫，相反，我更愿去那些山地部落区远足。我要去寻找建在高桩上的木屋，它们藏身于在大山旁薄雾笼罩的山腰之上，难以攀登。我穿越泰国北部的罂粟地，经过艰苦跋涉，终于找到了住在高桩上木屋里的哈尼族及彝族的部落。他们佩戴着用银币制成的华丽头饰，与我在《国家地理》上见到的如出一辙。我开始为他们拍摄，我不停地拍，就像《国家地理》上的那些照片一样。

令我惊讶的是，这些部落有一共同之处，即他们讲的都是云南方言。部落的长者解释说，很久以前，他们都来自一个叫做“云之南”的地方。它位于神山之间，一座座神山由过去运茶的一个马帮通道连接起来。他们在山边、木屋旁种植茶

叶，直到后来在内战期间被逐到泰国。于是，他们在泰国定居下来并开始种植鸦片。而茶叶凭借马匹运输，沿着与座座神山相连的线路，最终抵达拉萨。这个故事令我感到困惑，我真的无法理解，我只是忙于拍照。

我在背包里装着几个魔术道具，晚上坐在壁炉旁进行表演，哈尼族人和彝族人看得着了迷。妇女们深信我是巫医，把生病的孩子带到我面前，请求我治疗。我的背包里只有阿司匹林和一些止泻药，我只好将它们切成小片，递给那些妇女喂给孩子吃。这样的突发事件让我懂得了给山寨里的人们送去医疗设备的必要性，无论有多么简陋，城乡社区都需要这些设备。不知怎么的，这个经历对我产生了深深的影响，二十年后，我想在中国西部藏族地区设立诊所。某些情况下，其实只要通上自来水就能避免很多疾病。

那天晚上，在我表演魔术时，村庄里的男人们拿出自己的古老枪支，询问我的魔法是否可以避开他们黑火药猎枪射出的子弹。我坦言自己并非巫医，而那种事情只是幻觉而已。他们又追问我，幻觉是怎么回事。

山地部落的蒙昧促使我继续跋涉。我徒步旅行，从尼泊尔喜马拉雅山脚

来到马来群岛的丛林，而后乘坐独木舟寻找猎头族。从一家家的马来华人河工的家走出来，我的足迹遍布婆罗州腹地，最终找到了猎头族居住的长屋子。我想看一下那些人头。可以肯定的是，第二次世界大战时所猎杀的日本士兵的头颅就垂挂在一间小屋的中央。我就睡在这间小屋里，在那些头颅的下方。早晨起来，我拍了很多照片。

随后，我沿着尼泊尔、老挝、越南、缅甸跋涉，拜访了哈尼族、彝族、苗族、克伦族（缅甸的一个民族）和赫蒙人（指移居到东南亚的苗族人）的山地部落。在完成整个行程的跋涉及拍照后，我会与律师、银行家和商人们在文华酒店或者香港的记者俱乐部里叼着雪茄聊天，并在听完休息室的音乐、抽完雪茄、结束工作的小酌之后，向他们展示婆罗州的骷髅、缅甸的长颈人和湄公河沿岸老挝妇人纺织的照片。而他们则向我展示在普吉岛或在马尼拉度假打高尔夫时收集到的酒吧女孩儿的照片。对我不打高尔夫，他们感到非常奇怪。

后来我卖掉了在香港的公寓，把部落的毯子、织品、银手镯和大象雕像等东西一一送人。我把照片装进盒子，然后把盒子储藏起来。那时，中国市场的黄金潮正在北京蓬勃兴起。在这些盒子落满尘土的时候，我忘了一件事，即有一天它们还会被人打开。

孔雀

“她有着细长的鼻子，高高的颧骨，白皙的鹅蛋脸；她乌黑的长发在脑后紧紧编成辫髻；她看上去那么精致乖巧。她的双唇就像一朵粉红色的牵牛花；她是那样文静，纤纤细手如行云流水般在琴弦上舞动。”

——《消失的地平线》

第一次在云南见到杨丽萍是在20世纪90年代初，我想是在1991年。她表演的“孔雀舞”模仿一只孔雀，既美丽又动人。在西双版纳，我与来自北京中央银行的代表团坐在一起，如醉如痴地观看了她的现场演出。

我曾经到过云南。在中国人民银行的官员去云南考察并草拟一部中国可转让单据的法律之时，我是其中的一名法律顾问。在为老挝和越南的中央银行担任顾问之后，货币政策已经成为我的专长。代表团选择在昆明汇合，然后去西双版纳这个傣族人的故乡（傣族人在很多方面与老挝人相像）。在讨论完货币调控的定期限制条款后，我溜出了旅馆的后门，租了一辆吉普车，开进深山，寻找傣族人。我发现他们住在狭窄的村寨里。村寨沿着薄雾缭绕的河边建在高桩上。河边，白塔形单影只。

1992年，我再次见到杨丽萍，而这次是在电视上，当时我正坐在拉萨一个肮脏、破旧的四川饭馆里吃麻辣豆腐。摆在饭店一角的小电视播放着她表演的孔雀舞，观众中还有中国一些重量级的领导人。最后留在我脑海中的是一种模模糊糊的可能性，即总有一天，我和藏传佛教及杨丽萍之间会有一种联系。这是那晚我在拉萨脏兮兮的四川饭店里吃麻辣豆腐时留下的最后一段记忆。我不再想这件事，我离开了拉萨。等我再次返回时，已过了10年。

10年后，我在昆明又与杨丽萍不期而遇。她在那里创办了一个舞蹈工作室，致力于保存云南的少数民族文化。由于他们的歌舞是他们口头传承的一部分，因此急速的变化和发展对其文化的侵蚀速度远远超过得到保护的速度。通往村寨的每条道路都给村寨带来了发展和变化，杨丽萍决心竭尽全力在它们尚存之时给予挽救。为了确保本民族文化的持久性，她把村寨里的孩子带到她在昆明的工作室，录下他们的歌曲，摄下他们的舞蹈。为了保持本族人文化的鲜活，她把不同传统的舞蹈和音乐编入了还在进行的表演艺术项目之中。

当我坐在杨丽萍身旁时，她正指导按节奏跳舞的女孩儿们。女孩儿们的动作整齐划一。她们的服装和美丽的头饰都是在村寨里织成的，可能是从上辈传下来的。她们的动作自然流畅，其精髓绝非人为能够设计。

杨丽萍缓缓移动她那呈佛像手印状的纤细手指，延伸至极限，而后停留片刻，仿佛漂浮在流动的空气中。她低声说，“这些云南的孩子很淳朴，就像小佛一样。”

刹那间，我被她率直而深奥的话语打动了。实际上，我完全没有听懂。我希望能得到进一步的证实，我请杨丽萍重复一遍刚才说过的话。

她没有重复，只是耸了耸肩，补充道，“云南人就像那样。”对她而言，所说的话应该被人理解，否则，就意味着理解不了。随后，当她说到云南和她自己的民族时，她的手指又再次伸展如扇形，黑色的双眸发出深邃而敏锐的光芒，她说道，“位于热带的西双版纳是傣族人的家园。在那里，澜沧江沿岸的峡谷布满梯田，他们像泰国人一样，穿着长长的丝筒裙。沿着流向越南的红河再往北，就是佤族人居住的地方，他们的一些生活方式和宗教修持甚至与非洲人相同。他们对着太阳祈祷，住在离太阳很近的地方，这种做法是正确的。那里还有彝族人，他们有所不同。他们住在山里，当没有什么东西可维持他们的生活时，他们就伐树烧火并移屋，他们对着火和老虎祈祷。由于不会长时间地驻留在一处，因此他们没有值得保留的财产。”

“谈谈你自己吧”，我问，“你是哪个少数民族的？”

“我是白族，家在大理。那曾经是一个王国。如今，老城依旧保存得很好。许多艺术家去那里寻找香格里拉，它是茶马古道的第一站。如果你想寻找香格里拉，或许它是你旅行的起点。”

随后，杨丽萍轻轻地喘着气，用柔和的声音谈起了她的家乡，“洱海湖形似佛耳，辉映着苍山。在大理，你能看见很多美景，你会发现那里的人和他们的文化保持完整。所以那是一个特别的地方。我记得小时候，我们跳进湖中，鱼儿在我们的两腿之间游来游去。人与自然和谐相处。大理的气候四季如春，不太冷也不太热。等我跳不动的时候，我会在那里建一座自己的房子，我想回到我出生的家。我曾周游世界，但还是大理让我感觉最为亲近，对我来说返回那里是最好的选择。我的身后是苍山，前面是洱海，环境得到很好的保护。大理曾经是一个强势的王国，它的文化就像一块磁石。”

“但有人说丽江就是香格里拉？”我狐疑地问道，“有人说它在丽江北边的某地，有人说它就是中甸，而你好像说它是大理。通往香格里拉的路在哪里？是始于大理吗？”

她大笑起来，而后微笑着合拢伸展出的扇形手指说，“人们说云南是香格里拉，因为它环境纯朴，保持着民族的多样性。所以，丽江也是香格里拉，至于中甸嘛，它也是。云南各处都认为自己是香格里拉，要找到它们，就要沿着茶马古道走。这条古道将指引你从大理到丽江，穿越虎跳峡，抵达中甸。沿途有许多神山。对居住此地的每个人来说，它们都是神圣的。”

“神山？”我不太相信地问，“什么会使一座山变得神圣呢？”

“离开大理后，你会去丽江，玉龙雪山对纳西人来说就是神圣的。去爬这

座山吧，但山上很冷且难以逗留。丽江的水源来自玉龙雪山融化的雪水。人们向神山祈祷。所以，你可以说他们喝的是圣水，这是生与死的源泉。人们到山上去就是为了寻找‘死亡之爱’。”

“死亡之爱？什么意思？”

“年轻的纳西族男女相信双双殉情就可以共赴理想的第三界，他们相信另一个世界更加美好。”

我更加困惑了。觉察到这一点，杨丽萍的思路并未被打断，她继续说道，“然后经丽江北部前往泸沽湖，那里的摩梭人认为那儿就是香格里拉。女人们可以自由选择情人，但从不结婚。摩梭人有点像藏族和纳西族的混血。他们的

生活非常自由，是一个母系氏族社会。由于妇女们可以生育，因此，财产传给她们。她们认为自己是对社会有用的部分。在那里，爱是十分自然的，因为规矩是妇女制定的。她们有着不同的信仰，她们认为爱是觉识的最高状态，所以她们争取爱情，而不用婚姻法律条文来约束它。”

“那么香格里拉究竟在哪里呢？丽江还是泸沽湖？”

“中甸声称自己就是香格里拉。”杨丽萍看到我困惑的样子笑了笑，“更高的海拔使中甸成了藏区，这里的自然环境得到极好的保护。由于海拔高，在那里生活十分不易。而正因为人烟稀少，所以自然环境也就得到了更好的保护。继续往北走就是藏族人的神山卡瓦格博，深秋时分，人们到那里去，能看到雪中生长的花朵、自由奔跑的牦牛和羊。那里的人与自然之间毫无隔阂。”

“为什么？”

“因为他们过着一种贴近大山的生活。当你贴近大山生活之时，你能更好地倾听它们的语言，那是灵魂的话语。”她解释说。

“这么说有一种同神山对话的途径了？”我狐疑地问道。

“如果你想听到灵魂的话语，那么我建议你去寻找那座山。”杨丽萍说道。她不再笑，而是伸出手指指向某个不确定的方向。

阁楼梦想

“这件事你会感兴趣的，亨舍尔开始收集中国的艺术品……他还历尽千辛万苦旅行了一次……以后他再也没有离开过峡谷，但是，足智多谋的他创造性地设计出了从外界进货的复杂制度，使寺区从此可以从外界获得任何需要的物品。”

——《消失的地平线》

为了寻找神山，我首先去找艺术家叶永青（云南昆明人，著名画家，中国当代艺术家中最重要的人物之一，开设了上河会馆及创库，曾在美国、德国、英国、新加坡举办个人作品展，是将昆明打造成为具有国际影响力的艺术场所的人物之一）。我记得，他常常在昆明市区一排工厂仓库的阁楼上消磨时间。叶永青已将这些仓库改为了画室、美术陈列室和咖啡店。我知道如果我午夜之后去找他，会在美术陈列室找到他，他要么是在喝咖啡，要么是在喝啤酒。

昆明的街道很空旷。一场小雨刚过，阔叶树叶片的阴影倒映在街上的水坑里。我乘坐出租车驶过水坑和一条小河，穿过摆有露天餐桌的街道，来到从街道岔出的一条小巷里，但那里除了工厂前面的围墙以外，毫无特色。我跳下出租车，根据回忆寻找着叶永青的阁楼。至少要先找到艺术家们的社团才行呀。

我沿着工厂的平砖墙，迈入了漆黑的小巷，一路前行，听到了笑声。笑声是叶永青发出的，他正坐在主画廊的沙发上同岳敏君和方力钧一起喝着啤酒。岳敏君和方力钧是中国两位著名的画家，以绘制自画像而闻名（画面常

是痛苦的头或大笑的脸)。他们的作品在市场上售出了中国画的最高价。在香港苏富比，他们的一幅作品可以卖到数百万美元。

我不知道为什么这两位画家都剃了光头。在中国与众不同的艺术家中间，将头剃成僧人的样子似乎已经成为反主流文化的宣言。

在西方，艺术家大多留着长发。20世纪80–90年代，中国新兴的艺术家全盘照搬西方，把头发留得很长。而现在，中国的艺术已通过商业手段被主流的西方收藏家、艺术馆和博物馆所接纳，因此艺术家们也开始寻求独立表达自我个性的途径。于是，他们剃光了头发。

我渐渐意识到，这种反同一化的转型代表了一种新的同一化。中国独立艺术家的个性化已最终被西方主流艺术批评家所认可，而这种认可完全是出于商业的动机。事实上，这种认可是艺术之外的认可，是一种商业的同一，这种同一符合西方的艺术品位及西方对当今中国的看法，而它往往却是被被

扭曲的。

我问岳敏君："为什么你总是画自己在大笑？是想通过大笑表达对社会的某种抗议吗？"

他看看我，仿佛我是个傻瓜，而后直截了当地答道，"我画自己，因为我喜欢自己。"

"你喜欢自己？"

"事实上，我非常喜欢自己，我认为自己非常棒。"

我哑然。我转向方力钧（他的一幅画要卖到100万美元以上），询问他对中国艺术的商业化有何看法。他的成功已经刺激他开始制作自己的陶瓷半身像了，这些半身像在北京的一些画廊陈列出售。

方力钧气愤地说："商业与艺术并不冲突。艺术和金钱总有关联。"然后，他望了望我，仿佛我是个理想主义者似的，继续清晰地补充道，"艺术就是金钱，仅此而已。"

我想到了梵高和米勒，想到了毕加索在完成作品《战争》后的"艺术就是政治"的观点。这些艺术家都与同一化坚决抗争，米勒和毕加索则通过自己的作品表达对当时欧洲法西斯主义的反抗。很显然，在这些中国艺术家创造的作品中已没有同样的政治性，甚至情感，有的只是金钱和自我。对自我的表现从某种程度上代表了当今流行的一种心理倾向和被当今中国所接受的一类价值观。或许，作为一种社会的诠释，他们的观点也反映在了他们的艺术之中。这些都反映了中国经济崛起的历程，所有对金钱近乎狂热的崇拜也成为一种国民现象。

正是这种对金钱和自我的全民迷恋才驱使我离开北京，来到昆明。我还走得不够远，显然，我得走得更远些。我问叶永青，到哪里才能找到杨丽萍饱含深情谈到的神山。

叶永青是云南的百科全书。他双眼仰望着房顶下面包有铁皮的木横梁（横梁承托着他工作室的阁楼屋顶），思索了一下我的问题。叶永青得出的结论是：云南有相当多的山，其中许多都是神山，要找到它们，必须跋涉人们所说的茶马古道。

叶永青解释说，这条道原来仅有马队行走的宽度，而如今它已变成了一条公路。茶马古道穿越西藏，把中国和印度连接在一起。这使它成为了南方的丝绸之路。唐朝时期（公元618–907年）人们沿着这条路可以穿越新疆抵达印度。正因如此，茶马古道经常被错当成“南丝绸之路”。事实上，它不是用于丝绸贸易的。

丝绸之路自唐朝古都西安出发，穿越甘肃和新疆西北部的沙漠，跨过宏伟的喀喇昆仑山北麓的关口抵达印度。分销商将丝绸从中亚销往欧洲。作为欧洲和中东急需的贵重商品的丝绸由骆驼商队运至西方。当商队返回时，他们把佛经从印度带到中国。

同时，茶马古道经云南，穿越西藏的喜马拉雅山脉抵达印度。茶马古道始发于红土茶大量生长的思茅地区，那里出产著名的普洱茶。第一段路程是从大理的白族古国到丽江的纳西国。从丽江开始，古道穿越陡峭的山口到达泸沽湖。泸沽湖是摩梭人的女儿国，是一个与世隔绝的王国。

另一段路程，也是主路，是从丽江继续往前，经过虎跳峡后到达神圣的

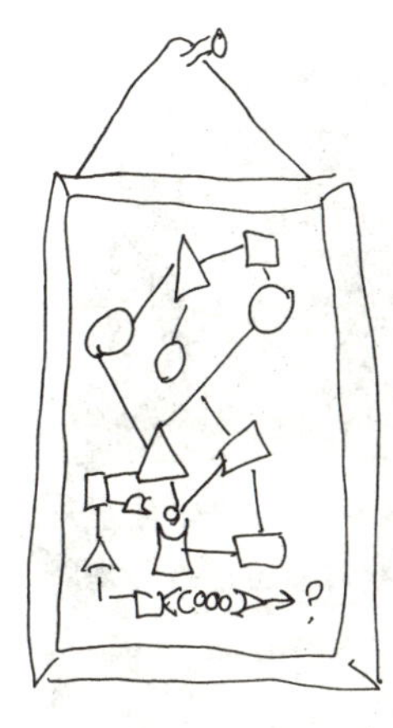

白水台（纳西东巴教的发源地），随后向上到达中甸藏区（那里有宏伟的松赞林寺）。古老的中甸县是这条线路重要的前哨。人们沿着这条狭窄的弯路，穿越海拔4000多米高的群山，便可到达卡瓦格博（西藏八大神山之一）附近的迪庆藏族自治州。

在春秋干旱的季节，古道向北通行，穿过西藏的康区，最终抵达圣城拉萨。从拉萨，商队继续向班禅大师的驻锡地日喀则行进，经过不丹、尼泊尔、锡金，最后到达印度。从大理到拉萨的行程比较容易，仅需四个月，而到达印度则要走上一年。商队由敏捷的小型马组成，它们脖系铃铛，身披五颜六色的藏毯，挂着色彩艳丽的缨络，叮叮当当，一路走在这条险象环生的通道上。

商队贸易背后的经济学观点十分直接。西藏高原荒凉寒冷，不宜农耕。受自然环境影响，藏人天生就是游牧民，他们靠饲养羊和牦牛为生。为了抵御严寒、抑制高原反应，他们长年饮用牦牛奶。但是牦牛奶浓稠，难以消化，于是口味迥然不同的普洱茶就构成了他们生存的第二要素。与牦牛奶混合在一起的普洱茶可以除去油腻，成为口味醇香又助消化的茶，而且普洱茶富含维生素C。实际上，对住在青藏高原上的许多人而言，普洱茶已经成为他们维生素C的主要来源。

与丝绸是欧洲地中海地区和中东地区必不可少的纺织品一样，喜马拉雅地区的人们也依赖普洱茶。云南商队提供茶叶，也从西藏和印度带回了佛经。佛教哲学很快就融入了云南人的生活方式。云南各地风俗鲜明、风光不同的王国和部落也以多种方式对佛教进行了重新阐释和本土化，与云南茶叶成为西藏文化不可或缺的部分一样，藏传佛教也与云南有着千丝万缕的联系。

经过北方的丝绸之路和南方的茶马古道，中国制造的过剩的商品流入西方，而随商队从印度和西藏东移的非物

质的东西也被中国内地所接受。真正的贸易全球化和思想观念也以多种方式开始。

“在云南，交往始于茶”，叶永青解释说。那晚，当他思绪漫游地谈及云南茶马古道的历史时（我坐在这位当代艺术家的阁楼里喝着酒，感觉整个阁楼里都回荡着马蹄声），一个念头变得清晰起来：我要跋涉茶马古道，去寻找神山。

阁楼的横梁下烟气缭绕，“云南电脑行”（叶永青头脑中积累的知识）讲述着关于茶马古道的故事。在整晚的畅饮中，这条古道在我面前展开。直至那天清晨，我都没有意识到我会追寻而去。

大理

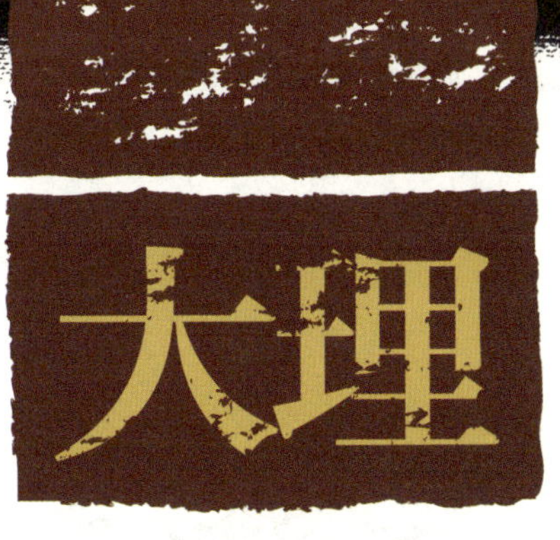

按照自己的疑问和想法走下去吧，
该去寻找自己的路了。

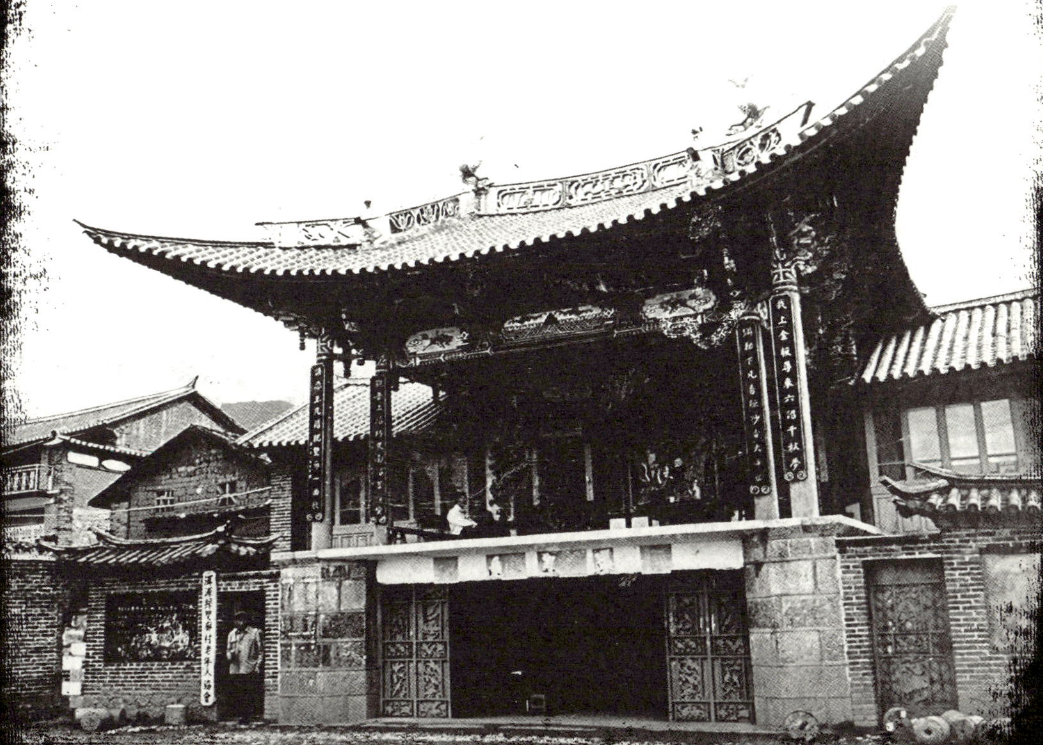

大理古国是一座带有围墙的邦国。事实上，它是一个名副其实的袖珍国家，后来被忽必烈汗打败，于公元13世纪并入蒙古汗国。

如今，古老的城墙依然存在。城墙内，狭窄的街道绕水迂回，从围城后面的苍山直通洱海，在此之前水道散开。经过这些水道的潺潺流水来自苍山，那里夏天雾霭茫茫，冬天则白雪皑皑。

洱海位于苍山前面，人们称之“洱”，缘于它形若人耳。关于洱海有不同的传说。据说，当观音（中国人称观音菩萨）目睹人间苦难时，流下了一滴眼泪。

有些人说这滴泪就变成了洱海，而许多人正是为了这滴眼泪才来到洱海。

沿着峡谷和山相衔接的斜坡，艺术家们创办了艺术工作室、禅修室和瑜伽房，它们与酒吧、咖啡屋和山族部落工艺品商店混建在一起。这一社区已成为一处波西米亚式的静修地，感觉多少有点像加德满都（尼泊尔首都）、乌布（巴厘岛最负盛名的旅游景点）或清迈（泰国著名的旅游胜地，拥有独特的历史和浓厚古雅的气息）。这里的人们对讨论“现实世界”发生的事情不感兴趣。对他们而言，那是虚幻的，而大理正在发生的一切才是真实的。他们来到大理使自己从冗事杂务中解脱出来，创造只属于自己的现实世界，有的只逗留片刻，有的则在这里度过余生。

冬天的苍山白雪皑皑，夏季则薄雾冥冥。苍山的影子延伸至整个湖面。在清晨前静候日出之时，在明镜似的湖面上可以看到苍山的倒影。此时，你可以听到白族人的歌声。他们在湖面上划着扁舟，撒下渔网，用歌声唤醒黎明。

白族人身穿艳蓝色的无袖老式外衣，头戴汉族的蓝色八角帽。据说束腰无袖老式外衣是江南地区的传统装扮，江南是白族的发源地。可能在大约500年或更早以前，白族人被迫西行，并在西部定居。帽子是长征时期毛泽东领导的红军行军至此留下的。从那时起，白族人就一直戴着这种样式的帽子。

今天的大理掺杂着过去的富饶和今天商业主义渗透的粗俗，而后者使它面临被永远改变的威胁。

湖上的玻璃屋

“香格里拉的魅力还从未如此集中地展现在他眼前：山谷如梦幻般静卧在山崖的边缘，仿佛是一池静得凝固的深潭，正如他此时宁静的思绪。”

——《消失的地平线》

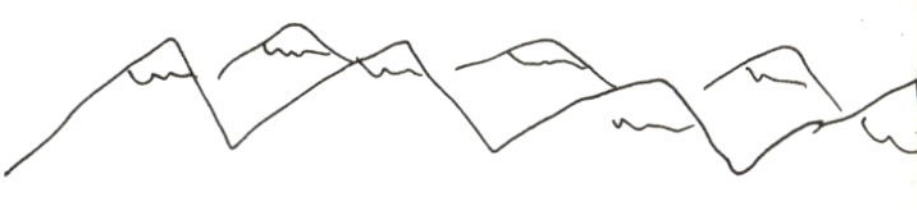

叶永青同我一起游访大理，并向我介绍那里的艺术家的情况。他坚持让我与其中的一位见面。他叫赵青（云南著名的建筑艺术家，在大理洱海上建造了著名的后现代派居所，即玻璃屋）。他放弃了绘画，而今正在建造玻璃屋。

叶永青领我四处游览直至洱海的最远处，来到一个无人涉足的叫做双廊的白族村寨。这个村寨的中央是白族人的生活缩影：妇女们从事劳作而男人们则在宝塔式的二层楼房（实际上就是带有舞台的茶室）里搓麻将。我观看过几局麻将，在麻将牌的噼里啪啦声中，时间悄然而逝。

身裹蓝色棉被的婴孩在缓行于岁月磨蚀的石子路上的母亲背上晃来荡去。狭窄的圆石小路直通建在静谧的洱海边山腰上的带院子的房子下面，各家各户都饲养着大牛小猪。这样的生活方式将会被破坏，我担心这是对濒临变化的峡谷的最后一瞥了。

蓝色的蜡染布挡住了光线，在蓝色石头承托的带有红色梁柱的庭院里形成阴影，蓝石雕刻得十分精致，犹如北京的亭台楼阁。几个世纪来人们的踩

踏已把它们磨得十分单薄。一位白族老妪正把一块新割的猪腿挂到门旁的钉子上风干，用来制成美味的云南火腿。

山谷里萦绕着孩子们的笑声，淡蓝色的衣服随处可见。头顶箩筐的妇女们佝偻着身体，紫色天鹅绒的背心在重压下起了褶皱。也许我们终生都在担荷着重负吧！

在落满尘土的围墙里是曲曲折折的胡同，破砖碎瓦从围墙和山上的墓地一直延伸下去。在那里，仙逝的人们可以远眺洱海和碧绿的群山。每当夕阳西下之时，群山就在静谧、碧绿的湖水中泛射出翡翠的光芒。我聆听着湖水，想与群山对话。

噼里啪啦的麻将牌的声音从薄雾缭绕的群山一直传到传说中的村庄那不知通往何方的石径小路。我们沿着石路来到小路停断的地方。叶永青向一个渔夫招手示意，他划动一叶扁舟瞬间就来到码头，载我们来到了赵青住的小岛，他正在自己房子旁边为杨丽萍建造一所玻璃屋。

试想一下一幢建在俯瞰洱海的陡峭的岩石上的玻璃屋吧，这是赵青的艺术杰作。房屋和湖面紧密相连，湖水流入花园，汩汩的溪水从石头和玻璃咖啡桌下涌出。玻璃屋是交叉连接房屋的展览室，一些是玻璃与钢架结构，另一些是传统的石和灰砖结构，构成了家居艺术形式中一种交叉艺术的活样板。

叶永青带我穿过建筑工地。整个房屋的地面都经过精心设计。在湖水上涨时，地面将被全部淹没。另外，赵青还为杨丽萍设计了凉亭，以供她眺望洱海，静坐禅修。这是赵青的设计方式，是一门艺术。

当我见到赵青的时候，我认为他是个僧侣。因为他剃着光头，外表与藏族喇嘛一模一样。他领我参观了他的禅房及屋外生长的菩提树。作为一名艺术家，他并不从事艺术，工作室内既没有绘画，也没有雕塑作品。他的工作室就是他身边的空间，而他的艺术品就是他修造的房屋。房屋与空间相互影响着，这种影响延伸至他的一举一动，以至于他倒出的每一滴茶都流露出一种不经意的深思熟虑。

“很多人以为我是个僧人。”赵青笑着说，“他们说我看起来像个喇嘛。其实我不是。我有妻子和孩子，也享受着舒适的生活。虽然我不是僧人，但是我禅修并且自我修炼。这是每个人都应

该做的，把它作为生活方式的一部分。这不一定说你必须是个僧人。”

同杨丽萍一样，赵青也来自双廊村。我向他打听关于那个村寨、湖畔玻璃屋中的生活及大理的情况。

“这个地方让人感到十分富庶，因为几乎没有物质生活的压力。大理人并不关心你是名人还是普通百姓，因为我们与自然亲近，而那些与我们毫不相干。我可以给你举个例子，一个牧民身强体壮，这点从他的外形就可看出。因为他贴近自然，所以他身体强健，生活愉快。所以不要忽视你的健康和快乐。我们中的许多人所追求的恰恰就是我们已经拥有的。”

我吃了一惊：“难道他们不想得到我们拥有的一切，包括城市的生活方式和用于生活消费的金钱吗？”

“我们觉得自己非常勤奋，非常忙碌，有那么多要做的事情。他们可能想法不同。”

“怎么个不同法？”

“很多人都相信‘因果报应’。这与佛教哲学有关系。大理人认为，行为与终极结局有关。在我未来的日子里，我将为我的业果进行补救。所以我必须考虑我现在要做的事情。就像到银行一样，在银行借钱之后必须偿还，若

你帮助他人并施以善行，也会得到别人的回报。”

“这就是人们被吸引到大理的原因吧，不光是为了这里的景色，更是要思考人生的方式。这也是云南如此吸引艺术家的原因吧？”

“在云南，我感觉舒服自在。许多艺术家正是为了寻求这个才来到大理。他们在寻找一种能量，而这种能量是他们在发达的城市环境中所无法找到的。他们在寻找一种生活方式和精神意境。这不是一个物质的问题。衡量一个人不是看他拥有多少财产，结交多少朋友，或有多少关系。对我来说，返回云南和我在大理的家就是一种幸福，这并不复杂。”

“但是来到这里，艺术家们同样也远离了他们的市场。人们正将物质享受抛至身后，对吗？”

“不同的人对生活需求各异。有人非常简单，就像我会在一个空气清新、人烟稀少的地方居住生活一样。如果你拥有足够的财产和金钱，那么，当你买到能付讫的所有东西之后，或许你只想返回到那样一种简单的状态。”

“就像这间玻璃房子？它是一件把湖泊与岛屿联结起来的艺术品。它是你为了禅修而设计的吧？”

“不是为了禅修，而是为了我的生活方式。三年前，我来到这里，写了大量的诗歌。但是现在我几乎不写了，而是更多地进行禅修。”

“诗歌怎么转成禅修了呢？”

“从另一个地方审视自己。从一种独立的状态检查你自身的存在。从一个梦境，透视另一个梦境。那是诗歌，但不是你的表述，而是他人从外表看你时对你的感觉。那是一种对他人的浪漫化的了解,这个人比你自己看得更清楚，能够告知你的境况。诗歌只是用于此途的一种语言。倘若一首诗特别贴近你，那么当你读它的时候，你会明白它的含义远比写在那张纸上的语言更为深广。它不仅仅是人与人的交流，而且已经成为将社会情感倾向引入所写文字的源泉。诗的神奇就在于此。”

“那禅修呢？”

“与诗一样。”

“那么，人可以通过禅修或写诗抵达香格里拉吗？”

“香格里拉像一棵树一样存活于每个人的内心深处。它有枝叶和根，还开花。那朵花与枝叶和根有关联吗？或许毫无关联。它是一种希望或理想，但不必存在，或者说它的存在不重要。若是如此，那花是怎么开的呢？”

“那么它存在吗？”

“它存在于我的家庭、我的朋友和我的家乡及周边的环境中。它是人们生命中的创造时刻。例如，当我看到这里的湖或观赏杨丽萍的舞蹈的时候，它是瞬间被留下的创造空间。”

“怎么能发现它呢？”

“你应该问自己。按照自己的疑问和想法走下去吧，该你去寻找自己的路了。”

大山的梦

“他找不出任何理由去斥责这里的人们对坦加丝果的喜爱，他们认为这种果子有治愈伤病的疗效，但它这么受欢迎主要原因还是它有一种温和的麻醉效果。”

——《消失的地平线》

叶永青与我一起游访围有城墙的大理古国，它是茶马古道的第一站。我们住在藏族人努玛经营的客栈里。他为外国徒步旅游者提供酥油茶。实际上，那只是牛奶加桂皮的立顿茶（一种英国产的茶品）。大多数人不知道这两者的区别，还津津有味地品着他们认定的传统藏茶。因此，在茶马古道上，努玛客栈里的立顿茶生意十分红火。实际上，由于大理仍属低地的缘故，依照传统这里并无藏人居住。

大理是白族人的家乡。白族人建造的房屋墙面亮白，灰砖屋顶呈曲线状，看起来极像江苏河边小镇的房屋。白族人的穿着方式也与时下江苏古镇里老年人的穿着方式相同。唯一不同的是，他们还带着蓝色的八角帽，而这种帽子在中国其他地方早已不再流行。他们说这些帽子是红军当年长征行军至此留下的。白族人非常喜欢它们，将其吸纳为白族传统服饰的一部分。

几百年前，白族人离开长江流域向西迁移，最终在大理定居。作为长江的移民子孙，他们以多种方式固守着中国的过去。作为少数民族，也许是由

于过去被隔绝的缘故，他们能够保存汉族早已抛弃的中华文化的某些部分。

“看看被遗弃的东西吧。”叶永青指着环围大理的新建灰砖墙说，“过去，它是土石结构的，这是云南的特色。但是政府拆掉了原有的围墙，用灰砖在大理周围建造了类似长城复制品的东西。这不属于白族的文化，而是留在遥远的西南的中国北部的东西，可能是满族的吧？”

叶永青解释说，苍山对居住在洱海边的白族人来说是庄严神圣的。白族人是佛教徒。据说，洱海是当年观音菩萨在目睹人间苦难后流下的一滴眼泪。因此，湖水就像一滴泪珠，它如明镜般映射出群山的倒影。山的情境，也如人的魂灵一般，随着季节而改变。夏季里，薄雾笼罩；冬日里，白雪皑皑。

穿过大门，我们的周围呈现出一片夜市的景象：新制的“古董”、待售的

苍生
律师
事务所
办公室
请上二楼

唐朝咖啡
Heineken

少数民族的银手镯和银皮带。这使我们感到，在中国的城市中，大理的街道更像泰国清迈。漫步街头巷尾，我们走上了酒吧和咖啡屋林立两侧的街道。这条街被命名为“洋人街”。实际上，这里几乎没有外国人，而多为中国人。来自北京和昆明的艺术家们在酒吧间再次聚首。他们中的许多人在大理都有自己的工作室，那是可以作画的地方，远离像北京这样的城市的压力。在大理，没有压力。

“如果有人说他在大理做生意，那他只是在开玩笑。”叶永青低声说，“在这里，每个人实际上都是失业的。在大理做生意只是一个居留的借口。”

游客从街道走过。他们经过外面四通八达的街道，但没有走进店铺，因为那里不出售他们想要的东西。于是，我们在那条街上游逛，想看看游客们都在买些什么。我们发现了一家香港仔开的商店，他留着香港人少有的胡须，开着摩托车，从事银饰生意。假使你长时间驾驶摩托车的话，戴上这种银手镯和银耳环可能看起来会很酷。在来大理之前，他通常住在清迈。

我突然发觉清迈和大理之间的相似之处：都有慵懒的酒吧、休闲的咖啡店和宗教徒的长途跋涉，当然，还有出售各类手工艺品的商店。我询问店家他所销售的银制工艺品的情况，耳环和镯子哪个卖得更好。他给我看了一个银盒。盒子很小，除了放些粉末和烟末之外，什么也放不进去。我突然意识到他是在靠出售调味品和水烟赚钱，而不是银制工艺品。

我们登上很陡的楼梯。楼梯破烂不堪，狭窄的木阶梯穿过岁月磨损的椽条盘绕向上。从楼梯上坠落倒比攀爬上去更为容易。二层的房间不大。正因为狭小，房间显得十分拥挤。其实，那里只住着两个人。一个汉族女孩儿正在随意弹拨着吉他。一个外国男孩儿坐在她的身旁抽着烟斗，那气味闻起来好似从印度寺庙里盘卷的香头发出的芬芳（有人将香放在印度庙里表示敬意，然后在黎明前可以梦到莲花醒来）。显然，他们正在梦忆莲花，我们的出现唤醒了他们，而现在黎明还没有到来。

我们沿着狭窄的阶梯往下走，磕磕绊绊地回到街上。我们在胡同的拐弯处迂回，穿过在石槽间交错的石板。绕过街角，我们瞥见了一缕暗黄色的灯光，黑暗中柠檬色的灯光下有一行字“鸟巢吧”。我猜想这是鸟儿歇息的地方。在

一扇高高的钢制防盗门后有一个低矮的安全栓。于是，我们走进了香甜的烟雾中。鸟儿似乎在高处，而我们在这里也能稍作停留。

“这儿的人们就像鸟一样。”叶永青解释说，“他们随着季节迁徙。”

我们离开了酒吧，返回街上，随后经过一家小店，店内散发出甜甜的香气，这种香来自印度。叶永青告诉我，许多流浪人住在人行道边，有时甚至躺在这家小店的地板上。在另一时间和另一场合，他们曾被尊为嬉皮士。但那是过去的一个时代。现在，在大理，他们只是流浪人。

他指了指一个长头发的矮小的流浪女。这个女孩儿身穿一件无袖衬衫，垂至脚趾的蜡染长裙紧紧地裹着臀部。乍一看，你会猜想她是个巴厘岛人。她从人行道拾级而上走进自己的商店，叶永青向我介绍，她叫何鑫。

搞不清我是何人以及为什么来到这里，何鑫先是咯咯地笑，稍后又面带微笑。一个蹲坐在她身旁的长发外国人迅速地用布包起烟斗，放进了肩膀上的一个包内。看来此次交易已经完结，所以他抽身离去。他走得很快，我记得他连头也没有回。

何鑫咯咯地笑着说，“这是我的男朋友。”她朝躺在地板上的一位年轻人点了点头。这位年轻人一边搅拌着一壶咖啡，一边将它倒入一个小拇指大小的杯子里，他口饮了半杯，另外半杯用鼻孔喝了。他递了一杯给我。我怀疑那咖啡里并不只有云南咖啡豆，还有别的什么东西。

何鑫的男朋友来自台北。因为厌倦了台北的喧嚣、快节奏和狂热血腥的商业刺激，于是他去寻找“云之南”的一个神秘的地方，一个靠近群山、湖泊的地方。四川的省会成都是中国的摇滚城市之一，当他在那里遇到何鑫的时候，他还在寻觅，但依然没有找到。他们决定离开成都，于是南行来到了云南。

何鑫有个朋友在中甸开了家酒吧，所以他们决定去中甸找他们的朋友，然后坐在他开的酒吧间里，要么坐在酒吧的高脚凳上，要么坐在地板上，这都无关紧要，只要他们身处中甸就行。那就是他们离开昆明、沿着云南的茶马古道到中甸的单纯的目的。旅程的第一站就是大理，他们再也没有离开大理。

他们在苍山边上找到了一个栖身之处，即山腰上的一间木屋。他们养犬、

种植烟草。他们与狗共眠、抽烟草、卖烟草。他们一起组成了一个大家庭。每当大雨将山浸润之时，这里是温暖的。他们聆听着雨声，梦忆着湖上的薄雾。

何鑫说山里的狗都长得很健康，这是因为山里空气清新的缘故。她的男朋友指着地板上睡在他旁边的狗进而解释说："如果我们的狗不健康，它们就不会像这样睡着了。"我看了看那只狗，感觉它像已酩酊大醉了。

何鑫说，她正在成为一名职业的纹身艺术家。我问她到目前为止她纹过什么艺术作品。她扫视了一下路两旁的人行道，诱惑地撩起自己蜡染长裙的一角，暗示我可以朝下看。她扭动着五个脚趾，我看见在她的脚踝上纹着一片硕大的大麻叶。我问她还纹过些什么，她只是指着那片叶子微笑。我又追问了一遍，她还是笑而不语。

带着那种不确定的微笑，她追忆起苍山云间漂浮的朦胧梦境。即便我们

坐在她的商店里，我敢说她仍魂系别处，或许正迷离于群山之中呢。我们在印度香的芬芳中谈论着洱海的雨。我确信她仍在梦中神游，于是我问到了她的梦境。

“何鑫，你一生中最大的梦想是什么？”

“去中甸。”她回答道，“我想去那里找我的朋友。”

“那么找到你的朋友之后想做些什么呢？”

“坐在他的酒吧里。”

“如果这是你最大的梦想，那么为什么你不去呢？”

“来到大理后，我们就无法走了。我们只是没有精力再迁往别处了。”

“那么你会永远待在这里吗？”

“这里有山有湖，但是我们不会永远待在这里。正像你不可能永远待在某地一样，我们也不会。但是究竟会待多久，谁能说得清楚呢？所以我们只是待着。”

“待着为了什么呢？”

她只是耸了耸肩，咯咯地笑了起来，然后她说她在等待。我凝视着她的双眼，它们正在倾听熏香燃烧的声音。

我问：“你在等什么？”

“我在等薄雾散去。”

丽江
那么你如何能发现爱呢？
爱不会使人拥有什么，
因为在纯洁的形式中爱是无私的。

丽江曾是纳西人的古代王国。它是一座迷宫，纵横交错的河道将狭窄的街道相互连接。房屋由灰砖垒砌，艳红的木柱承托着弯曲的花砖屋顶。当纳西人透过窗户互相招呼或沿着河道聊天的时候，街道充满了生机与活力。丽江主要的贸易市场“四方街”是褊狭迷宫里的一处开阔之地。白天，人们因生意或聊天汇聚在那里，所以那里总是人满为患。夜晚，孩子们点燃纸莲灯上的蜡烛，把莲灯放入河中，让它们载着祈愿漂流而去。

这里海拔2400米，你感觉自己正逐渐远离温暖的南方朝着西藏高原而去。古时候，丽江是边境，是中原王朝在边疆最后的前哨基地。基地之外是群山和藏人的牧区，他们常来中甸从事皮货贸易。

纳西人有最古老的、现在依然使用的文字书写方式，其基础是象形图画，与现代艺术极为相像。纳西人信仰东巴教，东巴教融合了藏传佛教和古代巫

术，东巴教祭司或巫师就是生死之间的传神言者。

生与死之间是漂移的“第三界”，它既不是天堂也不是地狱，但优于人间的普通生活。它是绝望的恋人们为了避免分手或使爱情永存时选择殉情的地方。自杀曾是纳西人传统生活的一个重要方面。几乎每个纳西族家庭都有为爱殉情的历史。因此，纳西人了解死亡对于生命和生活是多么地重要。

神圣的玉龙雪山是他们殉情的地点。玉龙雪山终年积雪，即使在夏日里，雪山的坡面也被薄雾笼罩。登上玉龙雪山的山顶，你会发现一片古老的山林。在林中可以看到山峰的美景。因此才会有那么多的恋人选择在这个地点殉情。山上的空气新鲜清凉，朦胧的雾气与在此辞世之人的愁肠哀怨极为切合。飘散的白雪带来阵阵湿气，在春天，白雪将百花唤醒。

寻找约瑟夫·洛克

“‘追踪’这个词夸张了点吧。在半个欧洲那么大的国家，怎么去找到一个人？只能说我访遍了我认为他会去的地方，或者打听他行踪的地方……有迹象表明，他已前往内陆地区，我自己认为，他很可能设法到了中国边疆的少数民族地区。”

——《消失的地平线》

1933年，詹姆斯·希尔顿撰写了《消失的地平线》一书，在书中他把香格里拉描述成在积雪覆盖的高山下的蓝月山谷中的一片神奇的土地。在那里，人们以一座藏族寺院为生活中心，享受着爱的自由，生存了几百年。想象中的香格里拉成了幸福乐土的通用词汇。在20世纪60年代至70年代期间，嬉皮士们为了寻找世界上吸毒未被严格管制的角落，冒险闯入了似乎有香格里拉特点的尼泊尔。而另有一些人认为希尔顿描述的这个地方可能在克什米尔。

极具讽刺意味的是：詹姆斯·希尔顿因为某种原因从未造访过喜马拉雅山区或亚洲地区。因此，人们可以推测，希尔顿的故事完全是人为编造的。另外，关于希尔顿的书还有一件奇怪的事情，即他在所创作的幻梦中竟然精准地描述了云南西北部（尤其是茶马古道沿途地区）某处的具体位置、风景面貌和文化传统。当希尔顿撰写此书的时候，茶马古道正处于令人质疑的使用高峰期。近年来,茶马古道作为“香格里拉踪迹”已在旅游产业中享有盛名。

所有一切都始于该地区的各县争论哪里是“真正的香格里拉”。四川省和青海省接壤的部分，乃至西藏自治区都在为香格里拉的冠名争论不休。当竖

起耳朵听到旅游钞票在哗啦作响时，整个中国西部都加入了这场争论。这场争论由此成为一场成熟的竞争，旨在获得由中国中央政府批准的“香格里拉”的正式冠名权。

争论在云南尤为激烈，大理、丽江和迪庆为争得冠名权展开了激烈的竞争。最终，冠名权被授予了迪庆自治州。迪庆境内有中甸县和德钦县（迪庆包括中甸、维西、德钦三个县）。中甸境内坐落着松赞林庙，而德钦辖区屹立着卡瓦格博山。在《消失的地平线》中，对这两地均有明确的描述。在其他想要成为“香格里拉”的地区的叹息和抱怨声中，中央政府默许了中国西南地区和西藏自治区使用“香格里拉”称号，作为促进旅游业的一种方法，进而拓宽了在“消失的地平线”上各地区的收入范围。

与希尔顿在书中描述的位置相对应的地方确实存在，实际上，那是一个整体区域。希尔顿描述了关于二战的飞机坠落在喜马拉雅地区的故事。直至今日，我们还能在丽江附近找到陈纳德飞虎队的战机残骸。希尔顿所讲述的

那个自由恋爱的社会就在泸沽湖，描写过的“喇嘛庙”显然就是中甸的松赞林寺，而金字塔形状、积雪覆盖的山脉更是与卡瓦格博山完全相符。但令人惊讶的是，希尔顿是从哪里获得这些信息的呢？

在质疑声中，我对希尔顿构想的出处产生了好奇。据说他曾在大英博物馆里研究过这片区域。但是他研究的是什么呢？是藏文经文？这似乎不可能。显然，该书是由某位对亚洲认识浅薄、对那里的文化进行猜测的人所著。于是我开始对这些猜想进行调查研究。

种种迹象表明另一个源头：与詹姆斯·希尔顿同时代的一个人约瑟夫·洛克。他是澳大利亚裔美国人，也是一位植物学家，曾在夏威夷度过一段时间，后来作为国家地理协会的代表在丽江郊外的一个村寨里生活了17年。他以丽江为起点，进行了广泛的旅行，时而住在他建在泸沽湖（摩梭人的“女儿国”）岛上的城堡里，时而前往中甸和德钦。他定期向《国家地理》提供关于该地区地理与风俗的报道，并配以大量的照片。整个这段时期，该刊物将它们公布于众。詹姆斯·希尔顿很可能阅读了这些报道并察看了这些图片，他借用

了洛克研究的不同区域的各种文化，并将其融入到自己多姿多彩的小说之中，身处一地就能描述所有事物。

按照《消失的地平线》所述，我从大理到丽江寻找线索。在丽江，我询问当地的纳西人，他们指给我一条通往红石墙、木屋顶村寨的路。村寨处在玉龙雪山的阴影之中。当薄雾笼罩山脉之时，洛克定居于此的原因已不难理解。我爬上通往村寨的崎岖小路，身着蓝色束腰外衣的纳西族妇女抿嘴笑着，给我指出再往前走的路。我知道这个方向一定是正确的，因为很明显，洛克是曾在这个村寨里生活过的唯一的外国人。

我找到了约瑟夫·洛克的故居。他就住在玉龙雪山阴影下的一座纳西族房子里。房子带有小院，由简陋的木头和红黏土制成。一些年长的村民依然记得他。有一个人还记得，在他小的时候，他的父亲曾给洛克当过木匠，为他做过长椅，安装过马鞍。如今年迈的他眼睛发了炎，当他说话时，泪水时而从眼角流出，宛若一条溪流穿过峡谷，从他那饱经沧桑的脸颊上的褶皱流下，颤颤地滴落在他蓝色的纳西族束腰外衣上。我不知他是否还能看清楚。他说话时，仿佛洛克就在他眼前。我问他是否还记得洛克离开村寨的情形。他回忆说，那天天气十分晴朗。仿佛就是昨天发生的事情。他想念洛克吗？他在等待，他们都在等待洛克回来，而洛克从未返回。从某些方面来看，他们似乎终生都在等待他回来，可能现在他们依然在等待。

另一位老妇人还记得她的父母曾为洛克当过保镖。那时，强盗在山里肆虐，所以当洛克进行植物生态考察时，纳西族保镖不得不扛枪紧随其后，以免强盗抢掠他的植物。我不明白，在一个林木遍野的地方强盗们要这些植物做什么。但那时的人们的确十分惧怕强盗。就连洛克待在丽江以北的泸沽湖时，也因形势所迫在小岛上修造了一座小城堡。可见人们对强盗的惧怕并非虚无。

是什么将洛克留在了村寨里呢？他有女朋友吗？没有。实际上，根据与我交谈的年老村民的说法，洛克在寨子里的17年里，没有人记得他曾有过女性伙伴。后来一个纳西人告诉我，洛克在建有城堡的泸沽湖畔有一个女朋友。

几年前，曾有人在湖边的村寨里认出过一个摩梭人和高加索人的混血儿，但除此之外，人们一无所知。

我不知道洛克在这个玉龙雪山脚下的村寨里到底做了些什么，植物学真的如此有趣吗？我无法想象。因此，在与记得洛克身影的老人们交谈之后，我攀着破旧的木梯（一个半截的梯子）进入了洛克的房间。

这就是他写作和睡觉的地方。屋子里除了一个火盆（类似当地的藏族人晚上用来取暖的火盆）、一张书桌和一张床之外空空如也。书桌上没有摆放任何东西。于是我坐在他的椅子上开始写作。在写作时，我注意到火盆里的黑炭早已熄灭。屋内仅有一张简陋的床和书桌及桌下一张藏式坐垫。洛克的生活想必是简朴和孤独的，因为除了他自己和大山的静默之外，洛克摈弃了一切。我坐在他那木头和黏土修造的房子里，凝视着这份静默，沉浸在人山之间的空虚中。片刻之后，我开始理解洛克，或许人可以用这种方式开始与山的对话。

寻找宣科

“他也知道，他的心中有个自己的香格里拉，那是个小宇宙，而连这也处于危险之中。”

——《消失的地平线》

丽江古城有着优美的拱形屋顶和连接街巷的窄小河道。在那里，你会看见一家剧院，每晚，一生中经历太多生死的老人们在同一时刻齐聚在那里，这似乎是一幅融洽的景象。他们演奏着古老的乐调，事实上那可能是中国汉朝时的音乐。这种音乐已被汉人忘记，但却被纳西人记住并保留了下来。

负责保留和复兴这一传统的人是一位音乐老教师，他亲眼目睹了人在简简单单的一生中太多的要求或渴望。他在硕大的镜片下顺从而嘲讽地微笑着主持了东巴音乐和纳西文化的演出。每晚他都在那里，从未错过一晚，他是这一传统真正的组织者，一直活跃在他组建的东巴管弦乐队中。他向观众解释说，“很遗憾，几年来许多曾站在这个舞台上的音乐家们都消失并远离了我们。”在他说此话时，年轻的音乐家们正围坐在一些年迈的音乐大师身旁。但愿这个传统能够延续下去。

演出结束后，我在后台找到了宣科。我好奇地问他：“你一直是保留纳西文化最积极的一个人。但现在，随着西方文化的冲击，你是否感到纳西文化的传统价值正面临威胁？”

“因为丽江正在进行旅游开放。”他叹息了一下说，“这既带来了利，也带来了弊。例如，西方人来到这里，他们仅仅对文化感兴趣。他们来到这里只带着一个目的，就是不停地追问传统在哪里，仍然生活在自己文化里的人们在哪里？他们对跳迪斯科或去奇特的旅馆毫无兴趣，因此，他们把到我的音乐堂作为行程的最后一站。在这里，他们可以听到由纳西人演奏的纳西古乐。当然，这是为了旅游，但是它也延续了文化。这些音乐家们皆年事已高，音乐堂给他们提供了就业机会和施展才华的舞台。”

“这可能是纳西文化的最后一扇窗口吧？”

“纳西文化正在消失。”他点头说，但并无放弃之意。

“是因为受到西方旅游业的冲击？还是中国旅游业？”

“这是一回事。我们从中原和丽江的历史记载中能够知道，14世纪以前，纳西人几乎从未接受汉族文化。在14世纪，出现了两个重要的年代和日期：1381年8月和1382年2月。这两个时段非常重要，因为那时明朝皇帝朱元璋为排除异己，把三万五千名汉人和士兵流放到了这块荒蛮之地。当时，纳西古国的中心丽江拥有四万七千人。突然之间，来了这么多汉人，他们的文化也随之而至。这让一切都发生了变化。例如，结婚习俗、诗歌、绘画，甚至是节日。于是，许多的纳西传统都丢失了。”

“再说得具体些，”我问，“汉族文化的冲击是如何淡化或改变纳西族的传统的？”

“以婚俗为例吧。”宣科耸耸肩，说道，“在传统的纳西字典里，没有‘父亲’或‘婚礼’这样的词汇。孩子们不知道谁是他们的父亲。这是一个母系的社会，而恋爱自由是纳西文化非常重要的部分。”

“那么纳西族传统的殉情观念缘自哪里呢？”我大声问道。

“东巴祭司认为爱是天堂与地狱之间的乐土。他们认为，地狱只在爱之下燃烧，而天堂只在爱之上开放。神是仁慈的。进入天堂的人会受到他们逝去祖先的欢迎。所以许多恋人通过吞食毒药或跳崖投水殉情自杀。他们感觉这样是安全的，去天堂与地狱之间的那片乐土是更好的选择。”

“他们吞食毒药？”

“事实上，他们吞食的是一种黑色的草药。这种草药非常特别，它一进入喉咙就将喉咙封住了，没有人知道你的死因。”宣科低声说着，好像正在泄漏一个秘密，“这只是瞬间的事。因此，如果恋人们想要保守秘密、维持浪漫感觉且不想让人知道他们殉情的故事的话，他们就服用这种草药以锁住喉咙。丽江被称为世界自杀之都，在丽江，几乎每个家庭都有一段殉情的历史。”

“在西方人看来，这是悲惨的。”我哀哀地说道。

“而纳西人认为，这是浪漫的。”他语气坚定地说。“借此，恋人们可以走向现实世界和天堂之间的另一个世界，那是个漂移的世界。然后那些比殉情的恋人们活得更长的父母们将在一年里举办一次或两次仪式。在仪式中，他们会请东巴祭司前来吟唱，以祝贺他们的孩子在漂移的第三界里享受幸福和快乐。最后，前辈祖先将开启天堂的大门，带领子孙升入上层天国，那个天国与中间漂移的世界截然不同。”

“即便受到现代化的冲击，纳西人的基本想法也未发生变化吗？”我问道，“这与当今卑劣的物质主义氛围大相径庭。现如今，人们不会为爱而死，只会为钱。”

“这是哲学观念的差异。”宣科解释说，“世界为了什么而存在？是为了已死之人还是为了将死之人？死亡不是将死。死亡也不是已死。其意可以被解释为：将死不是生命的尽头或新生命的开始，而是生死之间的一处地方。”

“这对许多不了解纳西文化的人来说难以理解。”我惊叫道。

“通常，婚姻不由年轻人而由父母做主。父母们通常在孩子出生前就定下了孩子们的终身。他们从来不为孩子们的将来考虑，只筹划着自己的未来。”

“纳西人一定是受到了外来文化的影响。”我评论道，“在汉族的物质传统中，作为一项惯例，婚姻的目的是为了合并财产。因此，为了一种抽象的理想，例如爱情，而放弃积聚的物质财产一定是异端邪说。为爱而死更是不可思议。”

宣科解释说，“在这种情况下，东巴祭司会像欧洲教堂的牧师那样给你讲故事。他们在这些年轻人的头脑中勾画出一幅天堂的图画，一个易去的地方。一个没有任何污秽肮脏、权力倾轧、金钱争斗和偷盗窃取的地方。那里永远有美酒、轻歌和美女。所有你喜欢的东西都在那里。”

“那么，香格里拉的观念正是来源于此吧？”

“不是。”宣科又摇了摇头，“香格里拉不是真正的自然世界。在希尔顿的著作《消失的地平线》出版之后，人们认为它是一个好地方或是一处比我们所经历过的战争年代更加美好的地方。所以人们认为香格里拉是天堂，那里的事物都比这里的好得多。所以新的现实世界又会蜂拥到那里。”

“在你们这一代当中，还有人相信这个漂移的‘第三界’吗？”

“在我小的时候，他们相信。14岁那年，我去了昆明并逐渐了解了20世纪30年代至40年代那里发生的一切。此后，我一直在昆明工作。1957年后，我入狱，被关押了21年。1978年，我刑满释放。之后我四处寻找我的女朋友并请求返回丽江。在那里我当了一名音乐教师。当时的情况已经发生了很大的变化。像汉族男女青年享受的那种自由恋爱随处可见。但是在农村，我们仍然能听到一些使用黑色毒药的新闻。有的恋人们甚至使用TNT（黄色炸药，三硝基甲苯），他们把自己绑在一起，然后点支烟将自己炸死，在高速公路中间甚至也发生过此类事件。所以，当我在20世纪70年代末，甚至在20世纪80年代返回的时候，我们依然能够听到此类的故事。后来就变得越来越少了。”

“这是一个非常古老的纳西族传统，但同时，也是一个非常现代的观念。”我试探着说。

“为什么？”宣科看起来很惊讶。

“因为年轻人情愿抛弃物质世界，为爱情或理想而死。他们竭力追逐梦想并努力使之变为现实，即使是死也怀揣着梦想。这是非常浪漫乃至时髦的典范。”

“我认为更确切地说是一种逃避。”他解释说，“许多人厌恶战争，他们的孩子先后被送到朝鲜和越南，却再也没有返回。他们怎能找到孩子们的遗体呢？因此，这些人满怀愤恨，厌恶争斗，期盼早些远离战争。而如何才能有一个好的社会呢？他们怎样才能活得更长呢？有人集权在手可以决定战争还是和平，但那只是一小部分大人物的特权。这不公平。所以人们希望找到一个像香格里拉这样的地方。如果香格里拉确实存在，他们宁愿卖掉车和房子，去寻找这个梦中的世界。其实，每个现代人的感觉皆是如此，不仅仅是在中国。”

“那么‘第三界’是另一个真实的世界吗？”

宣科叹息道，“如果它是真实的，那么它就会发生。如果它不是真实的，那么它就是一个梦想。将它保留在梦中吧，它是如此地美妙。如果我们去寻找真实的香格里拉和天堂，那就是浪费时间。但是如果这只在梦里，那么这个梦好过真实的经历。”

“年轻人还相信这个梦吗？”

“不，他们已经放弃了。”

“没有了‘第三界’的梦想，他们将失去希望吗？”

“是的。”

“这是一个悲剧吗？”

宣科沉思片刻，而后精神迷惘地回答道，“人失去了自己的文化和信仰，这是罪过。我们自称为纳西人。但如果纳西人失去了自己的传统和文化，失去了从前的梦想，那么他们将会失去一切。这样，在人类之林中也将不会再有纳西人了。如果你失去了自己的梦想和文化（你的血脉），那么这棵树将会倒下。”

“你如何看待旅游业既保存文化也戗杀文化之间的矛盾？你保存东巴音乐，将其展现给旅客并传播到外面的世界。但是旅游业同时也毁掉了文化。你怎样处理这种矛盾？”

“这不是将要发生的事，它已经发生了。”

“那么，旅游业既保存又破坏文化啦？”

“西方人想要保护文化并帮助他人保护文化，甚至愿意伸出援助之手。人们逐渐受到良好的教育，但是在他们只有自己社会的概念之时，他们又怎能帮助别人呢？如果只有一种观念和谈论问题的方法，那么他们又如何能得到更好的教育呢？我是在20世纪40年代前接受的教育。我认为，在某些方面，旧式的教育体系比现今的好。那时，我们可以自由选择，如果我们想学音乐，我们就可以学习。”

“丽江是茶马古道上的一个站点吗？”

“从前，在西藏，人们喝带有大量油脂的酥油茶。那是个没有油和黄油的寒冷的地区,所以你必须每天食用牦牛奶酪。而珍贵的普洱茶能够提供维生素，去除油脂。但在西藏，人们不种植茶叶。因此，锡金、尼泊尔、不丹、大吉岭（印度靠近喜马拉雅山麓的一个小镇,以产茶闻名世界）都开始以茶叶为生。茶队从那里带回了产自印度的货物，还带回了经文和佛教。这是云南的茶区，云南的茶马古道从思茅到普洱，经过大理和丽江，到达德钦、昌都、拉萨，

而后翻山越岭进入锡金和大吉岭。过去，一次行程要花上四个月的时间。是的，你现在正沿着茶马古道前行。”

“这是通往香格里拉的路吗？”

“那是一个难以回答的问题。我使中甸成为香格里拉，那是我的努力。1998年12月28日，我向游客第一次谈到这个理念。随后英国BBC电台和日本NHK电台都来采访我。我总想改变想法，但是太晚了，因为它已经被油炸，制成了美味菜肴，并端给了食客。1946年以前，我在昆明，我还记得这样一个融合了藏族、纳西族和汉族文化的地方。我的母亲和祖母就出生在昆明附近，所以我想与人们共享一些美好的事物。在我说香格里拉之前，它已真实存在，还成了官方名称。在我说过之后，他们停止砍伐那里的森林古木。所以这里比从前要好。当时，中甸没有别称，那里的人们也不知道香格里拉。在我告诉游客香格里拉在中甸之后，那里的每个人都开始从旅游业中赚钱获益并停止砍伐树木，进而促进了那里林木的保护。”

无梦

“她粲然一笑，那笑容看上去很是生硬，说道：‘我反复思索把咱们带到这里来的事，只有一个结论，那就是这背后一定有一种冥冥中的力量在操纵，你说呢，康维先生？’”

——《消失的地平线》

束河村在丽江附近。这是一个非常小的村寨。在丽江，人们称束河为“小丽江”。他们说如果你想最后看一眼“古丽江”，就必须前往束河。

因为有了这些议论，我感觉丽江拥挤不堪的游客会与其他游客一起前往束河。不久，束河也会挤满躲避其他游客的游人、“孤独星球”类型的客栈及出售香蕉薄饼的咖啡屋。与躲避丽江人群的人一样，我在束河还未成为丽江的郊区、仍是一个被人遗忘的小村寨之前游览了它。

束河由一条街道组成，而这条街道被另一条街道截断，形似英文字母“T”。我跨过一座下有潺潺流水的石桥，从“T”的底部进入村寨。整个束河的存在可能一度都靠这条河。现在，它以旅游业为生。

上了年纪的妇女们背着柴火，佝偻着背行走着。有些人就像这样背着柴火度过了一生。其实，我们也是一样，只是从未意识到罢了。我们一边思索，一边背着塞满冗物的背包，跟随她们沿着鹅卵石铺成的街道朝下走去。有时，我们就这样背负着重担，耗费了一生的时间，甚至一直背到了下辈子。

背包太沉，于是我停下休息。一个古老的红木镶板映入我的眼帘。它描绘的是佛陀主题，上有一只鹿及其他动物。我想做工如此精巧的镶板一定来自束河。我问店家女孩儿，一个漂亮的纳西族少女。她摇了摇头。那么它来自丽江吗？她又摇了摇头。

“不是。”她冷漠地答道：“它来自苏州。”

“什么？你将木制的古式面板从上海附近的苏州运到束河卖给游客，而那些游客可能刚从上海过来。你们自己的古式镶板呢？它们怎么办呢？”

“它们很久以前就被销售一空了，而我们得给游客提供当地的古玩，所以我们从外省进货。”

“那么，上海的游客来束河就是为了买在上海也能买到的东西啦？”我感觉行李越来越沉。稍作歇息后，我将背包靠在她小店窗户下面的墙边，坐在商店门旁的石阶上，身向后仰，深深地吸了一口气。年轻的纳西族店家女孩儿挨着我坐下，问道：“你想买点什么吗？”

“不，实际上我只是想和你说会儿话。”

“你想说些什么呢？如果我们店里没

有你要的东西，村子里我的朋友还开着其他古玩商店。我肯定能够找到你所要的，不管你真的想要什么。”

“事实上，我什么也不想要。我只想问，你听说过‘第三界’吗？”

“第三界，当然听说过，这是纳西人的传说。古时候，青年男女会殉情。用那种方式，他们去往第三界。他们认为，那是一个悬于生死之间的更加美好的地方。在那里，爱情得到永存。”

“那么，你听说过了？”

“当然，我是纳西人嘛。”

“我知道，但是你相信它吗？”

“相信什么？为爱而死？”

“是的，那样你能到达第三界并永远地感受到爱。”

“不值得为爱而死。”她摇了摇头，很平静地回答道，“我相信现实。那种事在我们的世界里根本就不现实。”

一位身着纳西族传统蓝衣的老妪坐在石阶上，无意中听到了我们的全部谈话。她厉声反驳女孩儿说，“第三界是浪漫的。想象一下为了爱，为了永留爱恋而决定殉情的两个人吧，只有在第三界才能做到。”

年轻的店家女孩儿只是耸耸肩，笑道：“如今那是不可能的。”

老妪对年轻女孩儿呵斥道，“你们新的一代已经失去了兴趣，这真令人感到悲哀。”

“对爱感兴趣？”年轻的店家女孩儿嘲讽地回敬。

“不。”老妪用低沉的声音说，“对信仰感兴趣。”

“我没时间信仰。”店家女孩儿生气地说，“我们得更现实点儿，爱不过是实用主义。我们得挣钱。如果和你在一起的那个人不能或不愿尽自己的本分努力挣钱的话，那么谁会愿意和他一起去死呢？一个人孤独地活着或另找他人会更好一点儿。”

最后的梦想

“月亮在平静的海面高高升起。对他而言，梦已逝去，就像所有美好的事物一样，一旦触及现实就会烟消云散；与青春和爱情比起来，全世界的未来也会轻如鸿毛。他也知道，他的心中有个自己的香格里拉，那是个小宇宙，而连这也处于危险之中。”

——《消失的地平线》

玉龙雪山是纳西人精神的守护者。纳西人守望着它那变幻莫测的坡面，时而躲藏到云层之后，时而透射出耀眼的阳光。它那融化的冰河水是生命的源泉。

纳西人倾听着雪山抒情的潺潺水声穿过丽江迷宫似的河道（河道使户户相连）。纳西人户户饮用圣水，并在圣水中沐浴。每一个纳西族新生儿都要在圣水中洗浴。所以，自出生之日起，纳西人就和他们的守护者密不可分，与玉龙雪山紧密相连。

许多年轻的纳西族恋人都会选择在玉龙雪山殉情。他们会寻找一个古松与冰河线交合的制高点。那里虽然寒冷，但是空气总是新鲜的。

日出前的草原被马铃声唤醒，铃声叮当作响，回荡在周边的松林中。在冰河的庇佑下，一架草原飞机展翅飞翔，在森林之间进行撒播。一片古老的松林紧挨着冰河线，展开在一片开满黄花的土地前。森林线突然无缘无故地在周边的一个大圆圈边终止。由于某种原因，树木在这块土地上无法生长。有人说因为有太多的恋人在此地殉情，因此，森林表示敬畏，在此地终止了。

马匹在草地上咀嚼着绿草和黄花，对这里发生的一切毫不在意。在鲜花点缀的草地后面，玉龙雪山亮白的峰顶直刺蓝天。一直有这种感觉：这片土地存在于顶峰的荫翳前，在那里冰河隐退在云层之中，地平线已不复存在。

日出时分，我爬上这里看云层隐退，我听到一声笛音，宛如远处的一只受伤的鹰的呜泣。顺着笛音我发现了她。她坐在一块岩石上，长长的黑发编成小辫掖进厚厚的皮帽里。那情形像是幻象。只有她那长笛的哀泣真真切切。她无视我的存在，继续吹奏长笛。停留片刻之后，她开始对着大山祈祷，她嗓音高亢，好像想要击碎蓝天而后拾起它的碎片。

“云朵想唤醒人们日出祈祷。”她将木笛放在膝上，不停地低语，“每天都是新的一天。山从喧嚣的薄雾中升起，而我们认为的现实的幻觉只是一个前夜，显然只是被风遗忘很久的一部分幻象。我相信你能理解我所说的，对吗？”

不等我回答，她叹息一声解释说，“马铃发出的叮当声在脑中优雅地回响，特别是在清晨。它使人愿意来到这里，来到这个特别的地方对山祈祷。我每天都来这里吹奏长笛，进行祈祷。我在日出前做这些事。这里就是五十多年前我们的先人上吊的地方。”

我观察了一下被亮白的雪峰刺破的天空。薄雾重现，玉龙雪山被笼罩在一片非云非雾的灰色之中，像帷幕一样，它封住了在静默中思考的灵魂。我们听不到它们，因为它们是用蓝色太阳和黄色天空下飘舞的白雪的语言进行交谈。这种语言具有极强的交互性，它是蓝色的共鸣声，在薄雾缭绕的高耸的古松之间清晰可辨。

马儿在叮铛的铃声中吃着青草，她召唤我坐在许多恋人曾经上吊的那棵树下，她注视着玉龙雪山白色的山峰，山峰从短暂的薄雾中显露出来。她让我想象一下殉情者的感受：脖缠绳子，从一根伸出的枝丫上跳下去，一边梦想着山中缭绕的薄雾，一边使自己窒息，在半死不活的世界中永远召唤着生命。在那个世界里，雪的空灵白色为纯净所爱恋，那里就是她称为“第三界”的地方。

她说，“依照纳西族的传统，玉龙雪山有我们可以进去的三界。这三界存在于韵律之中。无论你发现自己身在三界中的哪一个，那都是你的业果。简言之，由你来决定。”

“那么，是哪三界呢？”我问道。

“在纳西古文中描述的第一界中，苍蝇和蚊子是世界的主宰。那里的道路遍布毒蛇，鞋般大小的蚂蚁随处可见。”

“听起来那不像我们想去的地方。”我轻声低语道，话音冷冷的就像风从冰河上方拂过，“那么第二界像什么呢？”

她看起来有点儿不耐烦，不知怎的甚至有些愤怒，仿佛这些事情无需说明都应了解似的。“根据纳西古书上的记载，第二界只有冬天，没有春天，没有花果。夏天非常炎热，但夏天过后，也没有收获，因为没有秋天。”

她喘气的声音听起来疲惫不堪。显然，进入这一界的想法扰乱了她的内

心感受。她冷冷地拒绝了。我不知是否应该继续发问。我意识到我们已经越过了一条界线。但是，因为仍然没有得到答案，我不得不再次问道:“那么，这就是第一、第二界啦，它们听起来倒不像是些好去处。或许我们的世界也是如此，替代苍蝇和蚊子的就是交通和电话交易市场。可你不是说共有三界吗？抱歉，我想你忘了告诉我关于第三界的事。如果我们进入到那里，会发生什么呢？”

她即刻活跃起来，一扫显得失落的慵懒状态。她轻轻地将遮住脸庞的长发拢向脑后，几缕头发卡进了两个巨大的部族人佩戴的圈状银耳环，从冰河上方反射出阳光。她慢慢地睁大双眼，“根据纳西古书的记载，据说只有在第三界你才能发现一个没有蚊子和苍蝇的地方。”她激动地提高了嗓门，“在那里你可以骑在老虎的背上。马和鹿在犁地劳作。野公鸡啼鸣报时。树木产出牦牛奶酪并提供新蒸的馒头。在这一界中，没有饥饿、痛苦和忧愁。肉代替米食用，奶当做水饮酌。那里没有悲伤。”

“听起来像香格里拉。”

“它是恋人们殉情所选之界。在那里，他们可以一年365天、一天24个小时地做爱，年年如此。你能想象有这样的一个地方吗？”

“他们殉情真的是为到那里去吗？”

“他们感觉自己的灵魂将去第三界，一片永久的乐土。”

“那么，这就是他们选择殉情的原因了？”

“那不是他们选择的，而是他们的愿望。”

“你的意思是说，因为他们的家庭不让他们结婚，于是他们殉情，作为一种抗议。这有点像罗密欧和朱丽叶，对吗？”

“不总是如此。实际上，有多种情况。一对

恋人只是想通过共赴黄泉来捍卫他们的爱情。当你逐渐变老时，生活就会改变，我们也会改变。但是年轻人的爱恋是一种非常纯洁的感觉。许多人不想让爱情发生变化，因此，他们就殉情。用那种方式使春光永驻。”

她的话语就像从我的头顶上方山峰飘落的白雪留驻在我的心中。我想起了巴勒斯坦年轻人为事业和理想而自杀，或许他们也是受到生活中没有期待的希望或者被剥夺的情绪的驱使吧。但是通过自杀来保存某种事物，例如爱情（甚至都不是一种理想，最多只是一种情绪或企盼的感觉），总体来说是一件事。或者是什么呢？我请求她更多地解释一下。

“实际上，对已婚的、孩子已长大的中年夫妇来说，来到此处殉情也是常有的事。他们不想变老，不愿亲眼看着爱情之花凋零。于是，为了使爱永恒，他们相约殉情，这是他们的选择。他们宁愿生活在‘第三界’。或许，对他们来说，怀着对某种事物（如第三界）的信念去死比没有任何信念地退休、等死要好。”

我们同坐在一棵古树下的岩石上，那里曾是恋人们自缢的地方。她指着一根曾拴有绳子的古老松枝，让我闭上眼睛，并想象这样一个场景：一对夫妇相拥在一起，他们的脖子受长绳所勒而伸长、折断，他们的双脚因为吊绳太短而不能着地。

林木依傍着山脊。薄雾缭绕着林木。一片草地在我们面前延展。草地上遍地是野花，冰河移动时四散的飞雪打湿了它们。她问，“能想象得出那个自由恋爱的世界吗？在那里，在年龄或疾病使我们的记忆衰退或失去记忆之前，我们以死使记忆永存。在那个世界里，人们已达到了一种非物质的境界。我们会意识到，不值得对财产紧抓不放。没有任何事物可以持久，只有涅槃才能带来幸福。”

“对大多数人来说，这真的难以接受。”我与她争辩道，“这看起来是一种浪费，让一对年轻夫妇失去一切，失去他们的生命，仅仅是为了一个无聊的浪漫的想法，一种短暂的情绪，像爱情。”

“你完全不理解。”她恼怒地叹息说，“大多数人活着却并不

曾真正感受过爱情。这就是我们纳西人如此珍视爱情的原因。爱比生命要重要，所以我们不惜以死来永存爱的记忆。”

“但是真的值得为爱而死吗？我想任何人，不论是西方人还是大多数中国人，都不会接受这种观念的。”

她摇了摇头，异常恼怒，近似沮丧。但当一阵微风载着散碎的黄花漫无目的地旋转飘散着拂过我俩的面庞时，我能感觉到她在努力克制，使自己平静下来。

她用高过耳语但低于交谈的嗓音柔和地最后解释了一遍：

“人们在临死之前做爱并保留这份感觉，就能找到介于两种精神状态之间的平衡点。在前一种精神状态中，你正在离开，而在后一种精神状态中，你即将到达。这种感觉不能终生永存。你不想舍弃生命，因为你依恋生命拥有的一切。那么，你如何能够发现爱呢？爱不能使你拥有什么，因为在最纯净的形式中，爱是无私的。如果你不能理解，那么爱只是一种幻象，因为你只能用爱做交易或用爱施加影响，就像为了获得某种财富进行交易，而这种财富可以是物质的，也可以是以自我为中心的。只要你贪恋财产和自我，你就不能找到爱，因为只有在空性和涅槃状态下才能找到爱。在那点上，你一无所有。”

“如此说来，这就是年轻的纳西族恋人在做爱后殉情的原因啦？”

她用那双带有黑色瞳仁的菩萨眼嘲弄地看看我，仿佛在怂恿我去死似的，在呼出一口白雾后，她问道，“你能想象出当云分开时爱之声的滋味吗？”

泸沽

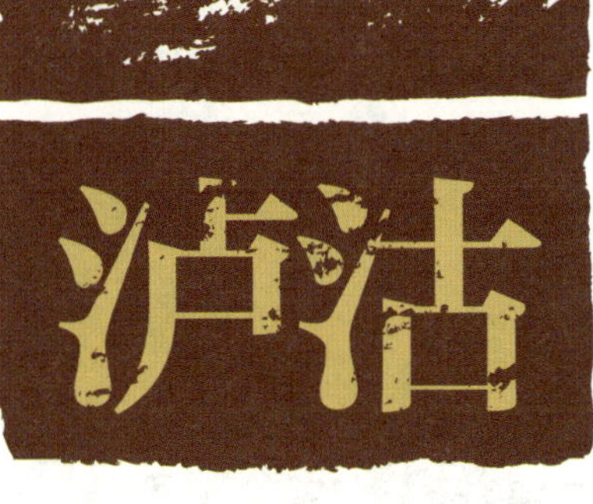

我喜欢摩梭女人……
她们无所畏惧，只是专心做事。
干完之后，她们也无须他人的认可。

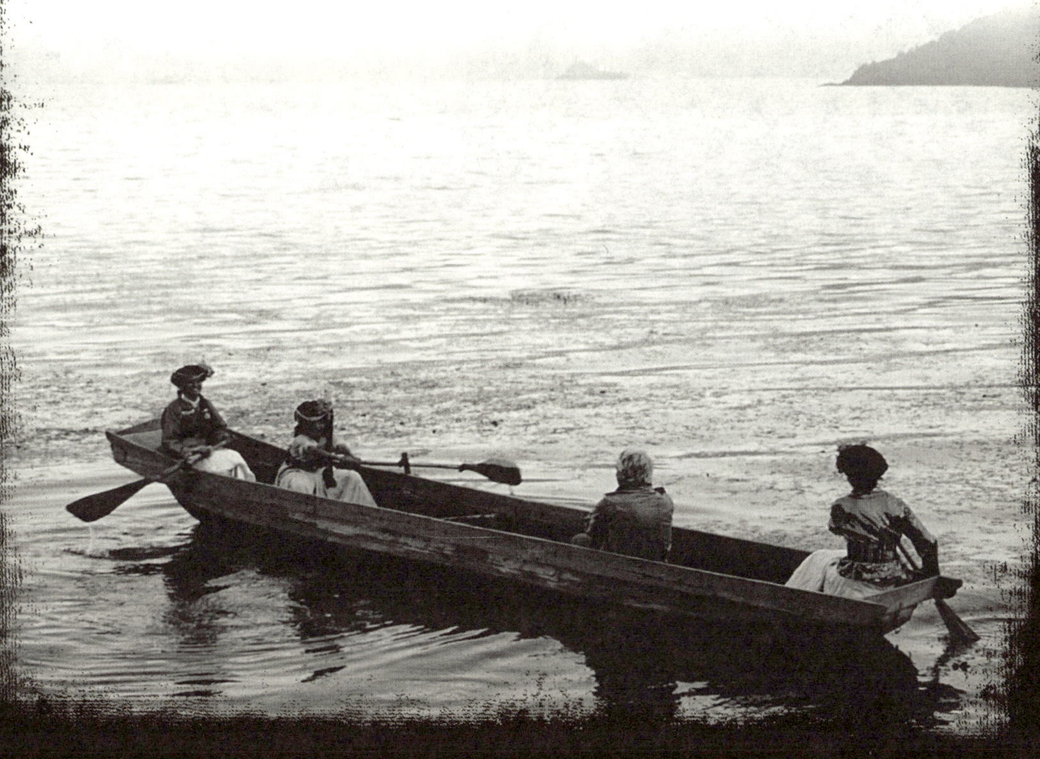

攀上狭窄的关口，穿过彝族部落的领地，跨越山脊，就可抵达泸沽湖。湖水像一面巨大的镜子向外延展，透出静谧与祥和的气氛。

泸沽湖是摩梭“女儿国”的家乡，是世界上仅存的最后一个母系社会（这一点仍有争议）。摩梭人接受了藏族的许多风俗习惯并笃信藏传佛教。

他们的神山是格姆山。格姆是从泸沽湖畔升腾的女神，这反映出摩梭人的价值观念和社会等级。这片湖泊是他们的母亲，这座山脉是他们的保护神。摩梭人热爱格姆山和泸沽湖。

过去，摩梭男人们定期往返于茶马古道，而妇女们则一直待在家中。就这样，她们逐渐统治了这个社会。尽管许多风俗被视为古老的习俗，但是习俗中蕴含的大量思想却非常的现代。实际上，这些思想被视为先锋流派，走在了许多依然受到中世纪道德束缚的大部分西方社会的前头。可能摩梭人在思想上比中国大部分地方的人都要先进。在那些地方，西方的用户至上和物质主义被等同于现代。实际上，这其中存有差异。

当我穿越山口，看见湖面在我的面前展现之时，这种差别变得越发清晰。这是一片如此平静、清澈的湖泊，宛若月空下的一面明镜。我朝镜中望去，自问道：“究竟是什么使摩梭人与众不同呢？”

由于摩梭人居住在纳西族和藏区之间的边缘地区，所以他们的文化反映的是东巴和藏族信仰修习的一种融合。因此，如果我们能够从摩梭人身上学到什么东西的话，那就是如何能在边缘中生存。

虎民

“在别的场合，他脑海中多次浮现出一幅画面：地平线仿佛一块大幕般升起；时间延展，空间缩小，蓝月亮这个名字也带上了一种象征意义，就像未来的时光一般，如此美妙，令人充满期待，这是一种只有在一弯蓝色的月亮中才能应验一次的梦幻。”

——《消失的地平线》

如果北行，就会抵达泸沽湖，我将不得不跨越群山。我意识到，自己必须加入马帮的行列了。

沿着马帮踏出的红土，登上山口，穿过松林与薄雾，就钻入了云层。岩石和道路都消隐在薄雾中。圆木小屋在绿色青苔覆盖的丛林之中星罗棋布，翻滚着红色泥浆的河水奔流而过。薄雾飘入峡谷。河流如瀑布般泻入薄雾之中。

这里有河流经过。河水湍急深长，人无法涉过，只能沿岸而行。即便在昔日，当马匹沿着茶马古道来到岸边时，它们也只能被缚住，借助滑轮悬吊过河。

沿河岸而行绝非易事。河水在山谷中蜿蜒流淌，在那些已形成大峡谷的山谷里，岩石随时可能滑落，毁掉你要走的路。而要想沿路前行，就必须沿着河岸走。雪崩时有发生，且岩石常常坍塌，特别是在雨季，它们会滑至路面，封住你的路。因此，必须记住要绕岩石前行。

当雪崩发生的时候，你可以在河边的茶室里停留片刻，等它过去。道路被堵，时间被耗会使你心灰意懒，但当你心平气静地意识到茶室或许是一个好地方之后（在那里你可以坐在河边让时间概念消失），你的不快之感便会烟

消云散了。有时，为了等人来修路，你需要在河边茶室待上一整天，甚至不得不等上好几天。

可能没有人想要修路。也可能这里根本就没有修路的人。或许，人们认为没有人想要沿着这条路行进，所以他们不必耗费气力去搬动这些岩石，况且在他们搬完石块后，这条道路可能早已被雨水冲毁而不复存在了。雨水会将道路毁掉。

云南夏末的雨水可以冲毁道路，它也会冲击我们的思想。如果你长时间地坐在茶室里，你的思想可能也会像被岩石击毁的路面一样开始散乱了。道路同样如此。它们存在着，而且我们认为它们需要有人去走，但有时它们却不愿人们踩踏。于是在大雨来临之际，我们便会看到路浸入河中，让人产生一种巨大的失落感。到达那里需要花费很长的时间，尽管那条道路是如此清晰地标记在地图上，甚至在旅游指南中也有准确详细的描述。但当你到达之后，却发现它已完全被冲毁，留给你的就是一种彻底的失落和沮丧。

那里的茶室渐渐变得时髦起来。人们坐在茶室里等待着道路被修通，或者决定是沿原路返回，或者选择旅游指南上未曾描述过的另一条路线。说不

定会有一个彝族部落的男子让你中途搭载，带你走上一条地图上未曾标出的小路，因为地图制作者可能也不知道那条小路的存在呢。

茶室的重要性就在于此。茶室不但提供遮蔽之处，还可以让你在那里停留，使思想散乱、出新。茶室是沿途的歇脚点，这些路并不通往预定的方向，而是通往不得不去的方向。有时，我们希望一直前行的道路完全坍塌，你便意识到那不是我们要走的路。

这样，或许你就会被迫在河边被冲毁的路旁茶室里待上好几天。你随时可以拎起背包，把它扔进河里，或者将它扔在路边，眼见它从灌木丛滚过，而后摇挂在挡住它的树上。再考虑考虑吧！或许你会爬下悬崖，重新拿回你的背包。但不管怎样，这条河流并不是近在咫尺。跨过它只是一个幻象。或许，你根本不必肩背这些东西开始你的旅程。

当到了前行的时候，请不要喝茶，继续你的行程吧。由于薄雾尚未散去，

因此你必须沿河行走。河比路更为可靠，因为河出现在此地的时间更长。经过岁月的磨蚀，山谷已被河流截断，形成了一个峡谷。河两岸是无法攀爬的郁郁葱葱的群山。河水下切太深，使群山都忘记了它们已被河水分开。

穿越河流的幻象使人产生恐怖感，好像自己搁浅在被波涛永远冲击的堤岸上。虽然这只是对一粒沙瞬间的模糊记忆，在记忆的最深处逐渐淡漠。这一时刻来自感觉需要被重新拥有的生命，对它的回忆标志着寻路的开始。

当你在金沙江峡谷里迷失自我的时候，你会敏锐地意识到，水截断了岩石,你正进入大地之中。现在你将随着海拔升高而能触碰到已蒸腾为雾气的云。云在你的记忆前融散，在湿气中寻觅着它们最亲切的舒适之感。它们喜爱峡谷上方群山中的残损树身上的青苔。迷雾像刺鼻的酒一样诱导了云彩的感觉，它使温度降低，形成了同在空中出现的斑驳物质。河水倾泻着穿过峡谷，将岩石推卷过道路，在河水蒸腾为薄雾之前，在大河下面找到源泉。

河水翻滚着，很深，一不留神就可能会出危险。金色和褐色的小点儿是河中搅动出的沙粒，像蛇皮一样光滑而冰冷的岩石边长着潮湿尖利的野草，它可能划伤你，令你跌入山谷。要能想象滑落过程中双手抓住岩石会产生片刻的愉悦，这种愉悦不会受到下面流水所带来的恐惧的干扰。当河水呼唤你的时候，不要害怕，它会像时间一样流过。而且，如果你在那里长久逗留的话，你也会像山脉一样变老，并随着时间的流逝而被人们遗忘。

路随山高。河水变成了一条蜿蜒前行的细蛇。在某些地点，河水难以见到，因为山给人的感觉是那么地高。瞬间，它很容易会让我们产生错觉，感觉自己正像苍鹰一样在空中翱翔。而苍鹰清楚真相，我们不过是在翻山越岭，离天空依然十分遥远。在沿途的村庄里，有山地人。他们挑着担子。

彝族妇女扛着成捆的木柴和傍晚在山脚拾回的庄稼一排排地沿路行进。她们黑色的头饰宛若巨大的蝙蝠翅膀从头顶两侧伸出。有时她们抽着细长的烟斗，毫不担心前方的路伸向何处，因为她们知道这条路最终将带她们上山或下山。

彝族人究竟是谁呢？真的很难说清。他们不是一个部落，而是被他们居住的山脉所割断的数量众多的“少数民族分支”群体。正因为很难说哪个彝族是真正的彝族，所以对人类学家而言，称呼他们彝族人比去写更多的有关的论文要容易得多。

彝族不同于云南东北部的其他部族，他们以砍烧树木为生。他们种植庄稼，直到土地贫瘠后，再迁移它处。所以他们的村庄，总是临时建在山边，而他们的生活也是处于半游牧、半隐居状态。

大理的白族人以做生意精明而闻名遐迩（他们在茶马古道上贩茶）。丽江的纳西人以能传神言的东巴祭司而广为人知。北部的摩梭人则以他们强大的女权和母系社会而充满传奇色彩。而彝族人在山边存活下来并学会了偷盗山下的马队，因为这对他们来说简直是易如反掌。

彝族人对着火和老虎祈祷。每位彝族妇女都手戴虎

手镯，脖套伯纯。“伯纯”是一个金属的圆环，我不知道戴上它是为了防止老虎爪子抓到脖子呢（过去常有老虎溜进山中），还是仅仅作为让脖子保持直立的装饰物？

彝族女孩儿的双臂都刺有纹身（所戴虎手镯的上方，一直到肘部的位置）。这些纹身很奇特，只是一些绿色的斑点，条纹很不规则，宛若夏日里闪烁在云南上空的璀璨星辰。绿色源自山上的野草，所以说彝族女孩儿终生都在手臂上“佩戴着”山脉。

所有的彝族女孩儿都将这些斑点纹在她们的手臂上。这是他们本族人的象征。他们与山合一，继承着砍烧文化，从一地迁移到另一地。他们的房屋都是临时搭建的，因为用不了几年，他们的村庄就要搬迁。事实上，除了手镯和纹身外，他们没有任何财产。

女儿国

“他先前甚至从未想到过在香格里拉会有女性；因为人们怎么都不会把她们与一般寺院修行活动联系起来。最终，他还是觉得，这也许并非是一个令人无法接受的创举，说实话，正如张先生所言，一个女性琴师，在任何一个允许适度信奉异端邪说的‘中庸’社会中，都会是不可多得的人才。”

——《消失的地平线》

我最初是从杨二车娜姆那里听到摩梭人和泸沽湖的。她十几岁的时候，就离开泸沽湖，流浪到了上海，然后去了北京。在北京，她寻求拜见了十世班禅大师。她跪拜在班禅的脚下，祈求他的帮助。班禅大师安排她进入了中央民族学院。毕业后，她当了演员、作家，而后成了名人。

摩梭人的“女儿国”是世界上最后一个真正的母系社会，这一点仍有争议。在泸沽湖，妇女统治一切。她们自由选择恋人，却从来没有丈夫。孩子们不知道自己的父亲是谁，也毫不在意。财产由妇女而不是男人掌控，由母亲传给女儿。

“走婚”是摩梭女孩儿选择或更换恋人的一种传统。摩梭人家都有一个“花房”，它建在院门旁边，与主室隔开。年轻的女孩儿通过用指尖触碰另一方的掌心表明对可能的恋人怀有兴趣。而后，那天晚上她将待在花房里。天黑之后，她的恋人会来拜访她，并在日出之前从“后门”离开。每户摩梭人家设置后门的目的皆是如此。

“走婚”这一概念已被中国媒体诠释并利用为一种性幻想，与当今的氛围及绝对实物主义的城市价值观相吻合。目前，泸沽湖的旅游区已建起了客栈，来自四川的“小姐”已身着摩梭人的服饰开了店。而杨二车娜姆成为中国的一类“性名人”，因为除了描述自己在泸沽湖的童年生活之外，她还写到了她

的外籍男友们的事情。

杨二车娜姆用中文写了好几本书，这些书侧重在她的外国关系上，也迎合了汉人对她本人及摩梭人的普遍状况所产生的奇思妙想。她还曾用英文写过一部书，书中描述了有关她的人民和文化的感人故事，此书可能是自约瑟夫·洛克以来有关母系社会人类学的最佳诠释。

“走婚”的概念在现代的背景下颇具意义。当汉人大量修建水泥和玻璃建筑并认为这是现代化的时候，实际上他们的思想意识在骨子里是极为封建的。相对而言，住在泸沽湖畔山腰上木屋中的摩梭人的想法却非常现代。

细细思忖一下吧！人们结婚、离婚，为律师支付费用，不但要破费钱财，相互争斗，更会影响到孩子，而这种影响甚至贯穿他们的整个一生。摩梭人早在我们这样做之前就将一切看透了。他们既不需要为律师支付费用，也不用给对方支付生活费，因为在走婚过程中，当感情发生变化后，任何人都可以自由地离开。

“走婚”始于茶马古道时期。那时，

摩梭男子在马帮里干活。因为前往拉萨的路程要花费几个月的时间，而转道去印度一趟可能要几年，况且路途艰险，可能会遭遇山体滑坡和雪崩。即使他们能够返回，也不知道确切的归期。所以，妇女们烧火做饭，务农耕种。依照逻辑，财产也依母系传接下来。这一切都意义明确。在现代社会里，70%以上的家庭会在最初的5年里以离婚告终。而摩梭人早已看透了这一切。具有讽刺意味的是，幸亏有了杨二车娜姆的著作才让整个世界了解了“走婚”。

杨二车娜姆的家是一个摩梭人传统的的两层大庭院，作为客栈曾扩建了一倍。它远离旅游村，旅游村沿泸沽湖四川一侧修建，摩梭人神山的阴影从后面将其笼罩。为了去她的家，我开着吉普车沿着狭窄的盘山公路前行。公路的许多路段因夏季潮湿导致的山体滑坡而坍塌了。

在她家门前，有一个伸入湖中的船码头。船码头的后面有一个巨大的土灶（由她的母亲看管）。土灶旁是杨二车娜姆自己的房间，房间的整面墙上都铺着丝绸，丝绸上面有十几尊小佛像。

“在汉族文化中，龙在上凤在下”，杨二车娜姆用指甲将长长的黑发拢到一边，解释说，“在摩梭社会里，凤在上龙在下。”

“这是否象征着妇女在摩梭社会中处于主导地位？”

“我喜欢摩梭妇女，”她用笑声代替了回答，“她们富有幽默感，床上功夫很棒，而且善良勤劳。她们干活就像一阵风，面对困难十分坚强。她们从不把问题留到最后一天，从不悲观。在村子里，你能看见摩梭妇女干活儿、抽烟、照料小孩儿、背石头扛木块。她们无所畏惧，只是专心做事。干完活儿之后，她们也无须他人的认可。”

我问：“你出生在这里，但是大部分时间却住在北京，你更愿意待在哪里呢？”

“这是我的家，清新、健康、温暖。整个社会都应当像我的家一样，温暖而快乐。”

“那为什么社会不是那样的呢？”

“因为人们已经忘记了妇女是社会的核心。”

我问：“妇女？”

“对，妇女！”她握紧拳头，强而有力地说。

“那么这是最后的母系社会啦？”

“我们的传统是强大的，但是受到某些威胁，”她叹息道，而后又大笑起来，“当向游客敞开大门，人们蜂拥而至时，在保持传统方面就出现了一些问题，但是问题可能不是那么多。因为即便再多的摩梭人像我一样外出，离开家乡，他们也会认为家乡的某些东西是好的，且比别处都好。因为我们的生活充满了和谐和关爱。”

“在离开泸沽湖后，你周游了世界，写了几部关于你的世界各地男友的书，并由此成名。”

“可能我有过许多男友，但是我并不出名。”

“但你肯定已经成为名人了。”

“我之所以成名是因为我富有创造力，聪慧勤奋，而并非因为我的男朋友。”

“国际旅行是否改变了你的价值观？”

“周游世界之后，我必须告诉你，我宁愿选择待在家乡而不是另去他处。如今我想回来捐资助学，为我的家乡做点事情。我已在泸沽建立了一座保护

摩梭文化的博物馆。对我而言，修造这座博物馆要耗费大量的金钱，但是我想回报我的人民。”

“你能应付通过旅游之门而来的外部影响吗？”

“我不喜欢让别人告诉我应该怎么做，所以我也不想告诉摩梭人该如何行事。我建造了一家客栈，告诉摩梭人如何给外来者更为舒适的家居感觉，同时保护着我们的文化。例如，客栈中既有花房和灶房，也有为参观者增设的现代化的浴室。”

“在你访问美国期间，哪些让你印象最为深刻？”

“美国的印第安人和我们摩梭人之间有很多的相似之处。所以当我在美国圣达菲和陶斯的时候，我对他们的文化感到格外亲切。实际上，我们的价值观及人和环境之间的关系都十分相似。”

我解释说：“我曾走过茶马古道，在古道上的每一段都有神山。白族人的神山是洱海边的苍山。在丽江，玉龙雪山对纳西人来说十分神圣。在泸沽湖这里，摩梭人也有自己的神山吗？”

“我们摩梭人有一座女神山，它就坐落在我家后面，形似一头巨狮。实际上，汉人称其为‘狮子山’，而我们摩梭人叫它‘格姆’。在山里，有一个巨型洞穴，里面有许多天然岩层。每当摩梭女人无法怀孕的时候，她们都会去那个洞穴。我第一次去那里是与我母亲最好的朋友同行的。她带着她的女儿，还有各种食物和香烛。她的女儿穿戴得非常漂亮，使人感觉极为神秘。最初，我不知道她们去那里的原因，也不知道是由于无法怀孕才去那里的。进入洞穴令我十分惊异。你无法想象大自然给这个世界带来了多少东西。大自然是我们的源泉。这就是我能够理解摩梭人对这座山会有着如此深挚爱恋的原因所在。”

离杨二车娜姆的家不远处是另一个源泉。摩梭人称之为“达孜”。它是一汪流入泸沽湖的泉水。对摩梭人来说，这是湖边最神圣的地方。每年阴历的七月二十五日，摩梭人都会驾船汇聚于此，向湖的源头祈祷。然后，他们会顺时针地巡湖朝拜供奉。

据传说讲，一个男孩儿在放牛的时候发现了长在岩石中的一条大鱼，随即将它拖拽出来，于是泉水喷涌而出，随鱼一起自岩间倾泻下来，形成了这片湖泊。

前往泉源途中的“玛尼堆”（即一堆堆刻着佛像和佛教经文的石头）和经旗标识着这股天然泉水的泉眼。湖水平静。狗吠、鸟鸣和鸡叫声唤醒了周边的村庄。太阳从湖面冉冉升起。而待天色昏暗后，燃木发出的气味又再次将湖泊唤醒。经阳光照射，湖水在午后变得分外灼热。用一块圆木挖刻出的一叶轻舟在日落前划过湖面。夕阳穿过即将被黑暗抚平的湖波，洒下一条细长的光线。

杨二车娜姆指了指泉源，又指了指神山，讲起了关于神山的故事。

格姆是摩梭人的神山。它耸立在母亲湖畔。一位名叫格姆的女神守护着神山。女神曾经是一位美丽的摩梭女孩儿，她在湖边长大，与其他摩梭妇女一起从事田间劳作。一天，她们正在泸沽湖畔的田里耕作。这时，天神听说了格姆，想要得到她。于是，流言在村中传播开来，说天神可能看上了格姆的美貌。但无人证实是真是假。一天，在一场倾盆大雨之后，天神降落凡间，将格姆掠上了天。被天神的狂风卷上天的格姆对着下面的村民失声痛哭。村民们眼看着她在云中穿行，纷纷汇集到湖边，哀哭祈求。

他们尖叫着、哭喊着求她回来，声浪削弱了卷带格姆上天的风力。格姆跌跌撞撞地从天上回到了自己人中间。与此同时，地上宛若斑点似的人群沿着湖岸聚集，就像沿着橘皮爬行的蚂蚁。当她头朝下降落时，她的身体开始迸裂、重组，变成了杨二车娜姆描述的泸沽四川一侧的神山。

这时，格姆的灵魂在平静中被另一阵狂风俘获了。她发现自己变成了一位神，在云端之上，身骑白马，像一只钴蓝色的苍鹰飞越天际。她吹着一根长笛，发出孤独的低吟。

泸沽湖是悬驻在群山之中的一汪清水。它是蓝色中的一片绿洲，是天地之间的契合点。格姆吹着长笛飞入空中，她是摩梭人和平的保护神。

杨二车娜姆回想起自己生命中最津津乐道的时刻：在傍晚时分坐在湖边，对着夜空中闪烁的星辰禅修。倾听是最美妙的时段，有时，你甚至能听到笛声。

马会说话

“稍后，这几个在寒风中打颤的人都明白了这句话。除了凌厉的寒风在呼啸，还有他们自己嘎吱嘎吱的步履声外，听不见任何声响，周围是阴郁的原始荒莽，天地似乎连成一片，他们身处绝境。月亮好像在云层背后消失，星光照耀着无边的空虚，只有风在叹息。”

——《消失的地平线》

杨二车娜姆的哥哥在山顶等着我。山路在泸沽湖上急转直上，道路蜿蜒曲折，标识着路的尽头。从这一处开始，就只有一条狭窄而脏兮兮的小路。

她的哥哥领我进入村寨。那里正在为村支书举行葬礼。我感到极具讽刺意味的是：我游访世界上最为浪漫迷人的地方之一泸沽湖难道仅仅是为了参加一个葬礼吗？但我还是前去参加了葬礼。

我们进入一间长形木屋，那是已故村干部的家。他被埋在曾被用作仓库的木屋地下已有几天了。此处用来埋葬死者。这样，其遗体能在佛教僧侣安排的葬礼期间得到完好的保存。僧人们用念珠仔细地估算天数。他们的精确度从未出过差错，举行葬礼的日期同样准确无误。

亡者的肖像被用蜡笔画在纸上。一个纸制转经筒受其下部燃烛释放的热气的推动而自动旋转。死者的亲朋好友（基本上是村里所有的人）那天都给死者带来了食品、油和酒。

苍蝇到处乱飞，时而蜂拥而至，聚在为葬礼宴席准备的食物上，爬来爬去，既而穿过屋顶上方的天窗飞走。壁炉的炊烟沿着熏黑的支柱缓缓攀爬，最终与阳光混为一体。

村里的人们在蜡笔画像前呜咽哭泣，哀号呼喊。一位身穿毛皮背心、鼻架老式眼镜（圆圆的镜片宛若可乐瓶底）的老年男子站在屋里，向亡故的村干部念着每位前来悼念的亲属的姓名及所带物品。如果一位亲属带来了10元钱，这位老人就会宣布他带来了100元钱。如果带来了100元钱，他则宣布带来了1000元钱。这使人感觉货币会在阴间增值似的。其实活着的那些人不过是在欺骗死者罢了。

亲属们嚎啕大哭，有些甚至尖声惊叫。许多靠近死者站立的老人仿佛站在自己的遗体旁。他们中的许多人都由年轻女孩儿陪伴着，女孩儿们一边将他们拖走，一边对亡故的村干部说着，“请安息吧，我们会好起来的。”过去有人告诉过我，一些老人甚至会哭死过去。他们尖叫着，“为什么你要离开我们？为什么你要走？”但一离开这间房屋，许多人又忙起自己的生意了。有些人微笑起来甚至朗声大笑。生活一如既往地继续着。

村里仅有120口人，而且人人都有或近或远的亲戚关系。参加葬礼的各户之中只有五个姓氏。可见这个村子里的每个人都与其他人有联系。

位于杨二车娜姆家附近的村寨极为独特，因为寨子里的人都是土生土长的纳西人，而非摩梭人。前辈人还记得，他们的祖先是跟随贩茶马帮从丽江来到泸沽并定居下来的。他们很快接受了摩梭人依湖而居的生活方式。他们也保留着一些纳西人的风俗习惯。在由东巴祭司主持、藏教僧人陪同的葬礼

中可以清楚地看到这些习俗。在一间房屋里，纳西族东巴祭司敲击着古老的油皮鼓，边唱边吹着螺号，而在屋旁另一间单独搭建的帐篷里，12个僧人吟诵经文。

一束蓝紫色的光线透过帐篷上的洞孔刺向天空，烟气从洞孔散出。光线落在东巴祭司的头上，他正在铙钹中间抽着烟。在一片迷幻的光线中，烟气与土灶混在一起，仿佛祭司能够借此与神灵世界交流似的。

随后，三匹马被带到房前。东巴祭司开始唱歌，对着马儿进行赞颂。两个东巴祭司装扮成欲摆脱罪恶灵魂的将军。一位长者低声告诉我，东巴祭司能够与死者交流。他们通过击鼓或吟唱死者能够听到的祷告做到这一点。

死者生前最为亲近的三个孩子被带到前面。他们应要求骑上这三匹马，去往焚烧遗体的地方。哪匹马最先到达目的地，这一点意义重大。因为骑那匹马的孩子就是死者最喜欢的孩子。孩子们可能终生都不知道谁是父亲的最爱，直到父亲死去之后，才由马儿告知。

中甸
你要走的路还很长，因为你启程伊始。
前途并非一帆风顺，因为道路蜿蜒曲折。

香格里拉常被描述为一片牛羊遍地的草原，周围是积雪覆盖的群山和寺庙，寺庙的金色尖顶直冲蓝天。难怪许多人都说中甸就是香格里拉。

松赞林寺坐落在草原和蓝天之间的峡谷里的山腰斜坡上。在没有月光的夜晚，能够听到僧侣们的吟诵声在四周环绕的群山间回荡。藏族人的歌声萦绕在每个村寨（可以根据晾晒麦子的松木架加以辨认）。春天，峡谷是一片野花的海洋；夏日，马群在冰川融水汇聚的溪流旁吃草；秋天，漫山遍野金黄灿灿；冬季，又是一片白雪皑皑。

20世纪初，约瑟夫·洛克在《国家地理》杂志上报道的诸多内容极有可能都以中甸为依据。或许一百年前，法国的传教士就进入了这个峡谷，并建造了融合藏法文化的教堂。现今，每个周日，都有信奉天主教的藏人前往中甸的教堂。松赞林寺与香格里拉蓝月山谷中的寺庙极为相符。蓝月山谷是詹姆斯·希尔顿在《消失的地平线》中所描述的一块圣地。中甸的北部是卡瓦格博山，这座藏族神山的一个坡面很像完全对称的金字塔，这也符合希尔顿对香格里拉的描述。

但在藏人的记忆中，中甸是茶马古道沿途的贸易站点。古老的中甸让人感觉像一座古旧的、由木屋构成的西部小城。一些木屋倚山而建，另一些建在汉族道观和藏族寺庙之间的几条石街上。人们能够感受到骡队嗒嗒地沿着石铺的街道和被踩出的脏兮兮的小路行进的情形。这条路通往山那边的某个地方。由于有这条古老的西部小镇的小道，中甸也显得乱乱哄哄。

当滚滚风尘吹进古老的中甸狭窄的街道时，当马帮漫无目的嗒嗒地从一处走到另一处时，你能感受到一个时代的情愫。那是个穿越喜马拉雅的时代，佛教和茶就是贯通今昔的力量。

白水台

“整个耕作区大约绵延十多英里，宽度从一英里到五英里不等。虽然算不上很宽，却有幸能得到一天中最温热的阳光照射。实际上，即便没有阳光直射，空气也相当温暖舒适了，发源自雪山的冰冷溪流浇灌着这片土地。”

——《消失的地平线》

离开丽江后，道路穿越虎跳峡迂回向前。虎跳峡河流湍急，就连老虎也无法腾越。后来有人告诉我，是汉人而不是纳西人为此地命名的，意指河中两块凸起的岩石（依此说法，老虎是可以穿越河流的）。但会有人认为老虎想穿越如此危险的峡谷吗？至少可以推断，老虎要比大多游访至此并相信这个故事的人聪明得多。

河水奔流向前，宛若海豚或虎鲸白色的后背。水的搅动十分凶猛。危险的水域让人不自觉地产生压倒一切的冲动，想要坐在河边或河中的岩石上禅修。

狭窄弯曲的道路沿河延伸。沿途较小、像虎跳峡一样的险滩因远离游客群而难以被人看见。道路折入更为狭窄的峡谷之中，只有穿过路边茶室或客栈才能进入山谷。

纳西村寨隐蔽在沿河峡谷中，穿过峡谷，田地逐渐升高。拂晓啼鸣的公鸡和日落归返的羊群带来的宁静祥和使整个峡谷充满了温情。蜿蜒的小路向上伸展，大地从红色的黏土层变成了挺拔的树林和古老的雪松林。随着海拔升高，呼吸变得困难，人们越发感到空气的清凉。

霎时间，我感觉自己仿佛回到了上个世纪的祖国，漫步于早期的美洲大陆上。路旁有一座座小木屋，小马在路上来往穿行。沿途的驿站提供着饮茶和休憩的场所。我感觉，仿佛自己正在返回前世曾经待过的地方。

一片片被彝族农民砍伐、烧毁的林地诉说着几百年前的村落。有人提醒我，政府已开始实施一项大规模的再造林计划，旨在鼓励人们重新植树以防止山林退化。

一进入迪庆自治州境内，翻越纳西人的神山哈巴雪山，梯田便映入眼帘。在白水台，梯田层层叠叠，仿若冰凝的瀑布。水田上的各色泉池呈现出碧绿、青绿、深绿、透绿的绚丽色彩。水滴渗入一层平台，再漫过台顶流入下一层，再到下一层。梯田沿着山坡如扇面般层层叠叠地铺展开来，从松林深处一直滴到山下的草地上。

实际上，白水台散发着游泳池里的气味。水台可能是由水中的天然氯形成，水流就来自周围群山的水源。

对纳西人来说，白水台是最为神圣的地方。他们的始祖丁巴什罗（一位

伟大的祭司）在这里实施了神秘的“水落梯台”术，并创立了东巴教。在这个佛教和神秘主义之间的模糊世界，丁巴什罗培育了东巴教艺术。他在白水台建成了自己的神秘艺术中心。之后，每位东巴祭司都从这里追随其后，而白水台也成为他魔力的中心。东巴教融合了佛教、万物有灵论和巫术。弟子们往来不绝，将东巴巫术从高原带到了丽江富足的峡谷，在那里，巫术被视为宗教的根和纳西人的文化核心。

最终，弟子们离开了白水台，将其留闭于大山之间。但是纳西人从未忘记他们的宗教之源。时至今日，纳西人仍然会说：“那些没有到过白水台朝圣的人不是真正的东巴佛教徒。”因此，在朝圣途中，我在白水台停留。

一登上梯田，最先映入眼帘的是一个拳头大小的岩洞。据说那是观音洞。洞口处有一位东巴祭司。在继续前行之前，他会让你朝着洞口鞠躬烧香。随后，他递给你一把神米，让你将米投入洞中，这把神米将保佑你一路平安。

在那里，我遇见了一位名叫贺雪燕的纳西族姑娘。她对我说，“我的英文

名字叫海伦，我会说英语和日语。”海伦身着纳西族传统服装，英语和日语纯属自学。她自信可以去美国或日本。“我学过两种语言。”她自豪地坦言，“如果去不了纽约，能去东京也挺好。”

她主动提出要带我去一座神祠，这座神祠坐落在白水台上方的一片平地之上。但是在饮啜纳西东巴圣水之前，她建议我先烧香，并请求敬守神祠的东巴祭司为我用古老的东巴语吟诵一番。东巴祭司展开折裂的古老文稿，上面的字形看起来像现存的象形文字，内附图案的线条朴拙中带有几分稚趣。它们是我们过去的象征，也是我们未来的标志。

老人用他那长长的指甲掠过这些文字，仿佛在神迷状态之中读诵着，“你要走的路还很长，你启程伊始。前途并非一帆风顺，因为道路蜿蜒曲折。由于冰川消融，河水流淌，如果消融殆尽，就不会有水，没有水就没有和平。通过避免冲突是不能实现和平的，只有不断地追求真理，才能实现和平，如果不追求真理，和平就不会实现。”

海伦提醒我，“现在可以饮水了。”这座神祠坐落在一棵古树旁边，古树是两个水源的标志。一个水源呈绿松石色，散发着氯气味，它形成了白水台；另一个水源水质纯净，你甚至可以在清澈中看见自己眼睛的倒影，这是可以喝的圣水。她指着区别两个水源的古树说，“它是汇合点的标记。”而后又提醒道，“但要记住，这两种水源并不交汇。”

茶马古道上的街道

“那可真是个古怪的地方，仿佛世界上最偏远的一个集镇，到那里可真的是太难了。来自云南的贩夫就在那里把他们的茶叶转手交给藏族人。你可以从我即将出版的另一本新书中读到这方面的情况。欧洲人很少来到如此遥远的地方。可我发现，那里的人都十分儒雅，但这里绝对没有康维他们一伙曾在此逗留的迹象。”

——《消失的地平线》

我遇到了中甸的县委书记齐扎拉(藏族人)。令我感到惊讶的是，他不像干部那样穿西式夹克，戴着领带，而是一身普通藏民的装扮，穿着一身深色的长袍。与中国其他官员不同的是，他毫不做作，因为他知道自己的根基在哪里。

在中甸老城区一座座圆木屋之间的一个木制长椅上，齐扎拉安然而坐，看上去十分随意，家乡令他悠然自得。他正致力于拯救并保护中甸的老城区。齐扎拉主持着现已被中央政府冠名为“香格里拉县”的工作。

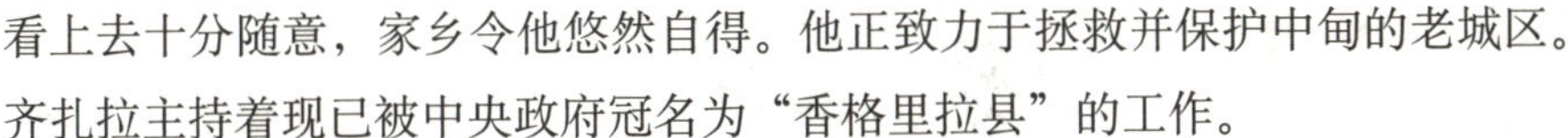

我指着木房子间一条脏兮兮的道路(这可能曾是西方电影中的一个场景)，问道：“这是茶马古道上的一条街吗？”

“是的。”他神采奕奕地回答。“茶马古道从思茅和普洱出发，到大理、丽江、中甸，翻越山脉到达昌都和拉萨，最终抵达印度和尼伯尔。整个明清时期，它是一条主要商路。那时，商队定期往返于群山之间，中甸曾是这条线路上颇为重要的站点。”

“这就是你希望保留中甸古镇的原因吗？”我问道，“中国的其他城市都

茶馬驛

造旧城，只保留电影场景般的几个建筑门面，这个计划是否在摧毁具有遗产价值的一切呢？”

“我们的想法不同。”齐扎拉信心十足地点了点头，“我们认为古迹应被保留，古迹保护应与文化保护一起成为我们工作的中心目标。一些城市拆除古城，并用钢筋水泥的建筑替代它们，以此来体现肤浅的文化主题，造出了背离事物本质的东西。而我们选择了另一条路，即保护古迹，因为历史是具有延续性的。在保护古迹中保护我们的文化才是真正的遗产保护。”

“你是开拓中国遗产保护的真正领导者。”

“还有其他得到良好保护的城市典范。”齐扎拉补充道。“丽江和大理就是这样的典范。我们要借鉴其他的成功典范，避免其他城市出现的失误。我们不仅要对老城区进行商业性开发，更想在这一过程中，认真地保护建筑古迹，保存我们的文化。”

“中国的大多数城市只不过是贴着浴室墙砖、装有蓝色玻璃的水泥建筑。整个中国似乎都沉迷在弗洛伊德式的浴室材料（作为外部装饰）之中。而中甸没有这样做，为什么？”

齐扎拉认可此种说法，他说，“这是我们的一系列决定。我们已经开始这样做了。我们较早就已经意识到了这个问题，并决心拆除浴室瓷砖和蓝色玻璃，用原始材料建造一个藏式的新城区。新城区不仅是这座城市的门面，而且恢复了藏族原有的建筑风格。老城区将不被触动。”

“但是你是否需要着手解决老城的基础设施问题呢？”

“我们想要一座传统的文化城市。虽然城市面貌或许会显得古老，但是我们具备水电和现代化设施。而那里的古代文化都应得到保护。”

“这种努力反过来也会保护老城区的周边环境，对吗？”

齐扎拉解释说，“香格里拉是一处稀有的生态系统带，具有环境、生态和文化的多样性，因此亟须保护。而保护环境、建筑、传统文化和支持各部门的工作需要共同的努力。需要加强对森林、河流、山脉的保护措施，与污染和垃圾进行斗争。我们禁止使用塑料袋和影响环境的外来物。即便在使用农业杀虫剂方面，我们也都采取非常严格的保障措施，以防止土壤遭受破坏或对农作物产生不利的副作用。”

我说：“你的举措与北京采取的措施截然不同，那里的市政府以快速发

展的名义，不仅损毁了文化遗迹，而且严重污染了自然环境，使这座城市不宜居住。”

齐扎拉说道，“我们认为环境是人类遗产的一部分，我们必须保护它，而文化又是环境的一部分。森林与生态的实际保护与文化保护密切相关。如果没有蓝天和绿色坡地，也就没有香格里拉。如果没有传统文化，生态也就失去了灵魂。实际上，保护少数民族文化的传统形式自然也就保护了环境。”

我问：“你说的是保护藏族文化吧！藏人天生就保护环境，因为环境就是他们文化的一部分，对吧？”

“在谈及生态保护时，我们必须说到我们的藏族文化。”齐扎拉强调说。“我们藏人放牧牲畜，这是与工业发展相冲突的传统做法。中甸不需要工业化的发展。我们已经选择了其他的发展方向，如传统畜牧业、农业和工艺制造业。我们不想要那种破坏我们生态系统的工业。人与自然应当亲近和谐，而不应针锋相对。要么保护自然，要么人类自我毁灭。香格里拉不仅是从哲学角度来看的理想国，而且是人与环境和谐相处、精神超越物质的地方。”

“你的做法与中国公认的发展模式有冲突吗？在其发展模式中，衡量成功的标准建立在人均生产总值的基础之上，也以多少钢筋水泥粗制滥造地用于真正的房地产项目，以及多少豪华轿车能够阻塞交通为依据。”

“真正的发展包括保护。”齐扎拉说，“认识并保护真正重要的东西代表了真正的发展。实际上，生态保护就是自我保护的一部分。它符合我们传统的生活方式并适用于本地区。我们已经作出了选择。整个的发展前景并不只是高耸的大楼和重重的烟雾。当然，你可以使自己都市化，但是这并不意味着你就发达先进。发展不只是大规模的工业化。中甸有三十万人口。我们以更大的视角看待发展。对我们来说，保护我们的群山、森林和生活方式就是发展。”

白马佛

“尽管我们的相遇就像我们来到这里一样令人不可思议，能够认识您，我们还是非常高兴的。其实我们刚才正要去您的寺区呢，所以就更加幸运啦，要是您能给我们指点方向的话……”

——《消失的地平线》

我乘坐公共汽车，沿着嵌入峡谷的溪流从中甸前往德钦，路程似乎很漫长。当汽车呈之字形拐上山口的时候，空气变得越发稀薄。海拔像云一样逐渐升高。这唤起了人们的一种期待，仿佛会在这里发现某些一直存在于这里的东西。

俯瞰拐进陡峭的红峡谷的山路，我有种想吐的感觉。我开始头晕眼花，但神智依然清醒，意识到汽车正盘旋在山路拐角的U字型处。山路被雨水冲刷得干干净净，汽车在碎石路上摇晃颠簸，细软的沙砾如雨点般落入峡谷。我用右手挡住呕吐物以免车内的其他乘客看见。到达4000米时，我开始有了高原反应。为了平衡感觉，我凝视着峡谷河地之间的一个平行点，那里人迹罕见。

乌鸦在哀号。它们先是嘲笑我，而后迎风飞舞着离去。这时的风转瞬即逝，飘走后，又会回来。只有一件事确凿无疑，即乌鸦先来到这里，在我们离去后，它们还会再次飞回。

转过U字型的蜿蜒山路，我们抵达了白马山。山顶积雪覆盖，周围铺满了紫罗兰色的野花。矮小松林间草地上的黄花不时刮擦着我的牛仔裤边。在这个海拔高度上，花儿永不凋谢。它们在岁月中匆匆过去，在空气稀薄的空间里得到永存。

沿途碰到一些牧民。午后，他们坐在蓝白相间的藏式帐篷里下棋，完全无视我的出现。阳光从一个牧民的肩膀后面射入，照得棋盘上的黑白棋子闪闪发亮，而后又从另一个牧民的肩膀后面投射下来。牧民们对在他们之间穿行的阳光毫不在意。

他们对面前往来的人流毫不关心。因此，我想，为什么我要与众不同呢？我正前往这些牧民曾经去过的地方，只不过在季节交替、夏日的空气里飘满白雪的时候返回罢了。一个牧民在喝酒，另一个在朗声大笑，而第三个则在弹奏藏族的弦子。我停下来问他们香格里拉在哪里。他们看着我，仿佛我疯傻了一般，这使我想到我已经回答了自己的问题。

事实上，我只是在追寻一种宁静的感觉，而这种感觉就维持在海拔4200米短促的呼吸中。在这个海拔高度，即便是缓慢行走

也会导致剧烈头痛。咖啡也无济于事。当我在海拔4200米处尿出早晨的那杯咖啡时，我能感受到温暖的尿液在落地前即蒸发掉所带来的空荡荡的感觉。

藏人告诉我，如果面向山峰匍匐拜倒三次，那么云层将会散去，显现出山峰。点燃松香吧，让脑中留存松香燃烧时的纯净气味，并想象着从山前掠过的浮云。

我在经旗前停下，经旗呈Z字形挂在山脊，这是道路的急转弯处。我坐下来，透过经旗凝望蓝天，感觉自己正与群山一起入梦。

工人们已经安装了标记拐弯处和山口裂缝的路牌。上面写的是4200米。我请求借用一下他们的红笔刷，在将字迹描红后离开了那里。

但没走多远，我便遇到了一个身披黄色绸袍、裹着红色喇嘛袍的矮胖男子。与山一样，他也叫白马。实际上，他是“白马佛”仁波切。我向他问路。

他答道，“是的，这是茶马古道，有时也被称作‘通往香格里拉之路’。”

“整个沿途看来都有神山？”

“当然，大理的苍山、丽江的玉龙雪山以及哈巴山和白马山对当地人来说都是庄严而神圣的。道路及沿路的群山都通向卡瓦格博。它是云南众多神山之中最为重要的一座，是你离开云南进入西藏之前茶马古道上的最高点。”

我问道：“卡瓦格博上有什么？登上它会发现什么呢？”

“那里住着空行母。她们四处飘游，随时随地可能出现。在有些地方，你能看见她们用石头做成的厨具。巡山朝拜供奉的人经常用石头搭建一些小房子，以便死者的魂灵返山后仍有居所。”

“用石头？”

他肯定地回答，“对，在那里你会看到一块巨石。它作为噶玛噶举派仪式的一部分而被噶玛巴加持过。离石头不远的是莲花寺。它标识着你所能达到的最高点。”

“噢！”我接着问道，“茶马古道沿途遍是神山。究竟是什么使它们区别于其他山脉，使它们变得神圣呢？”

“神山的概念不仅包括山本身，还包括山里

的神仙。佛是根本，依次是菩萨、度母和空行母。神山与佛教密切相关，是菩萨和空行母降入凡间的地方。”

“坦率地说，我一直沿着茶马古道在寻找香格里拉。有人说它在大理，有人说在丽江，现在又有人说它在迪庆。香格里拉究竟在哪里？”

“它在心中。实际上，香格里拉就是香巴拉。在藏传佛教中，香巴拉王居住在人们心中日月之间的王国。香格里拉在哪里？这个问题不能用你可以预见的方式来回答。有些事只能意会不能言传，因为语言无法描述。”

“你们喇嘛能够到达那里吗？”

“阶位高的喇嘛能随时去香巴拉。他们能在梦中抵达那里。他们随时可以去往任何地方。这是一种心态，而非物质，因为他们的禅修水平已经达到了修持的高度。一些人说香格里拉在此地以北的地方，靠近印度边界和西藏。另一些人说它在积雪覆盖的山顶。实际上，它是一种内在的要素，而不是外在的。”

“它是什么样子？”

“它被描述为一个被积雪覆盖的群山和平静的湖泊环绕的地方。中心是一朵莲花。莲花里面是无法穿越的无限空间。而空间中没有战争和疾病。”

“你曾经到达过那里吗？”

“禅修时，我能感到灵魂与躯体的分离。梦就是梦。通过一种静修的禅定，我已经感受到那个地方。我感受到积雪覆盖的群山之间的莲花谷，那是一个多数人无法到达的地方。在山谷里，有清泉、鲜花和绿草，像熊、狼、野兔和孔雀这样的动物皆和谐地生活在一起。禅修是那里最主要的事情，几乎每个人都在禅修。那里还有藏族喇嘛和道教大师。而我认为，自己仅仅是游访了香巴拉外围的一角。”

“那么沿着这条线路，我能到达那里吗？”

“我认为你最终会到达那里。并不是因为你沿着这条线路行走，而是因为你已经决定迈出沿路行走的第一步。这条路不会将你带到那里，但是想迈出这一步的意图会带你到达那里。记住，理想是空的。很多人说，既然它是空的，那么一定空无一物吧？其实不然，由于是空的，它才摆脱了物质的束缚。在这一点上，还有许多东西亟待认知。”

卡瓦格博

终有一天，你会下意识地返回这座山，
回到你将要到达的地点，
除非你最终不再回忆。

我是在夜间到达德钦的。它是一个西部小镇，海拔约在3600米以上，与拉萨处于同一高度。那里的空气寒冷清新。过了德钦就是另一条狭窄崎岖的公路。公路从藏人的茶室前经过，直通卡瓦格博这座西藏山脉中最为神圣的神山之一。

整个地区盛传着关于卡瓦格博的传说：从前，有一个魔鬼叫卡瓦格博，令周边的村寨惶惶不可终日，后来密宗大师莲花生大师降伏了他，并将他变成了山的保护神。卡瓦格博至今仍留在大山中，使它成为藏族人最重要的保护神之一。

这个简单的故事是藏族哲学中一个基本的核心力，即积极的力量能够转化消极的能量，如果使用得当，消极的力量也能变成积极的力量。

据信，称为莲花生大师的密宗大师曾在公元8世纪某个时候将佛教引入西藏。这位奇迹创造者在喜马拉雅地区穿梭，传授密宗佛法，将魔鬼化为保护神。他传授利用心灵将消极变为积极的能力。几乎所有的藏传佛教流派都起源于这个传奇般的大师，他也被藏族人尊为仅次于佛祖的人物。

作为大山的保护神，卡瓦格博得到人们以各种方式表达的崇拜。在整个德钦，寺庙和神殿中供奉着卡瓦格博塑像，这个保护神被塑造为一个骑着白马的威风凛凛的大将军形象。朝圣者绕行大山，或者攀上莲花寺，对卡瓦格

博表达敬意，悬挂俗称天马（Long Da）的经幡向他人传递正能量。向卡瓦格博朝圣能提醒人们踏上利用思想力的道路。一个积极的举动就可以逆转一系列消极行为。一切都始于你的意向。

据说空行母就居住在这座大山上。她们能不受时间、空间制约地到达某个地方。她们能够冲破我们头脑中的障碍并击碎意念。其实时间和空间只是我们的臆想，局限于我们自身的假设，而超越了我们的已知范畴。

卡瓦格博是一座神奇的山。在喜马拉雅山脉中，它并不是最高的，实际上比它更高的山还有很多。但是出于某种原因，人们无法攀登。所有曾经试图攀登它的探险队都遭遇不测。经验丰富的中日联合职业登山探险队的纪念碑就坐落在八宝塔附近，登山者无一生还。

今天，当地村民出于安全起见都会对登山者进行劝阻。其原因在于神山是用来敬拜的，而不是用来攀登的。我们不应该设法征服自然，而应该尊重自然。

不过，有一条朝圣的路线可登上卡瓦格博。它从卡瓦格博山脚的明永镇向上，经过太子庙，抵达莲花寺。莲花寺是冰川附近深谷的至高点。从那里，你可以在午后的阳光里凝望白光。倘若你静静倾听，还能听到冰川融化发出的声音呢。

飞来寺

“他们下面深邃的蓝月山谷就像一片浮云，康维仿佛看见，那鳞次栉比的屋顶透过薄雾在跟随他飘摇。”

——《消失的地平线》

一条蜿蜒的小路沿德钦这个西部小镇向神圣的藏山卡瓦格博攀升。沿途的茶室大多都用木条或旧圆木搭建而成，积满了尘埃。在那里，人们向准备爬山的朝圣者出售酥油茶和扁平的藏式面包。

“不想喝杯茶吗？”一个低沉的声音从暗处传来，卡在墙壁缝隙中的酥油灯发出微弱的光。我几乎看不清她的身影。

“不喝，我打听一下路。”我回答道。我的眼睛在逐渐适应烛光之后才慢慢看清她的身影。

“你也要去卡瓦格博朝圣吗？”她狐疑地问道。

“是的，那正是我停留此地的原因。我听说附近有一座寺庙，叫做飞来寺。我正在寻找它。”

“那你可能会找得很辛苦。”她用略带嘲讽的口吻说，“它就在路的尽头。沿路走就能到达那里，那里有一排转经筒。在转动每一只经筒时，你都要从容不迫，动作要缓慢。这样，你就能发现你正在寻找的东西了。”

她蜷缩在黑暗中，一条腿蜷曲在瘦小的身体下面，下巴抵着另一条腿的膝盖。她身裹一件具有游牧风格的颜色鲜亮的短上衣（衣服已经磨损），头发高束在头顶，露出弯弯的银耳环和两粒银扣，一粒钉在下嘴唇下面，另一粒钉在鼻子上，使她看起来既像印度的哈里·克里斯纳（印加文化中的神），又像朋克摇滚歌手。

她看起来像是一个乔装的年轻牧民。

我问：“你叫什么名字？”

“蓝月。我的名字是从一个峡谷的名字来的。”她回答。

我不确定她是朝圣者还是嬉皮士，于是我很快认定她是个吉普赛人一样的流浪者。“蓝月山谷据说香格里拉的所在地，至少希尔顿的小说《消失的地平线》里是这样说的。”然后我低声问道：“你是怎么起的这个名字呢？”

“想象一下一轮满月，没有一丝云彩。那时候你看东西最清晰。这就像一个人在河边冥想，聆听水流穿过岩石发出的声音之时，会产生的淡淡的忧伤情绪。岩石最终会受到侵蚀，甚至消失，但水流将继续改变它的形状，因为水是无形的，它是无限的，而月亮方位的改变能够改变水中涟漪的形状。”

“你在这里做什么呢？你是去卡瓦格博的朝圣者吗？”

“我正打算返回大山。顺便说一句，你问到的那个寺庙就在路的尽头。我也要去那里。”

于是我们结伴同行，漫步拐上路的弯道。从那里开始，一排转经筒一直通往寺庙。在我们转动经筒之后，她领我来到寺前。

她解释说，“它被称为‘飞来寺’。据当地藏人讲那是在他们并不遥远的过去的某个时段发生的事情。这段时间并不久远，只是一个瞬间。”

“这个瞬间与飞天佛有什么关系呢？”我疑惑不解地问道。

“那是佛飞天的瞬间。”她回答得直截了当，仿佛我的问题非常愚蠢，“片刻之间发生的事情实在让人诧异。你知道，瞬间就是这样，它们来了又逝去，

带来令人震惊的感受和回忆，只是大部分的时间我们都专注于琐事而未能抓住它们罢了。而这些事情蕴含于瞬间之中且能触及人们的内心。伟大的印度大师教导我们，只有过去和未来存在，现在并不存在，它就是我们所称的瞬间。但是细想一下，我们只拥有现在，因为过去已经逝去，未来尚未来临，所以我们始终生活在现在，而大多数时候，我们却沉浸在过去或是在担忧未来，现在则悄悄从我们身边溜走，白白浪费掉。"

"请原谅，"我坚持问道，"你能解释一下这个瞬间是如何同飞天佛联系在一起的吗？你是说佛随时能飞，而这一点是我们时刻能够察觉和看到的，是吗？或者仍有部分的谜团我还不明白？"

"哦，你想知道在很久以前的那个瞬间到底发生了什么，是吗？好吧，我来告诉你。从前，在远处有一个开满葵花的峡谷，峡谷一侧的山腰上有一尊

慈眉善目的佛像。”她伸出一根手指指着，露出一枚银戒指，戒指上镶嵌着一块硕大的圆形绿松石。绿松石从她伸出的手指上凸起，宛若一座小山。她的脸看起来很年轻，而她的手却看起来苍老，那是一双饱经风霜的手。“一天，佛陀飞过峡谷，降至山腰，并停在那里。于是，我们围着佛建造了这座寺庙，这就是我们称之为‘飞来寺’的原因。看看瞬间能够发生什么事吧！”

“你怎能确信这个故事的真实性呢？”我嘲弄地问道。

“那你又怎能确信某一时刻会发生什么呢？”她微笑着反问我，深藏不露而又确信无疑。

“我不能。你也不能。”

“如果你不相信我说的话，那么就坐在山坡上吧，凝视着黄花在午后阳光的纯净中闪闪发光，而后飘落地面，宛若金色的水晶四散开来。那时，你能梦见佛飞过峡谷。但要小心，在午后的阳光中你会恹恹入睡。如果你盯着金黄花朵而开始头晕目眩的话，那么，就走进寺庙的阴暗中，仰视佛的眼睛吧。那双眼睛将问询你关于自身的许多问题。问题是：你回答得了那些问题吗？”

这个想法令人烦忧。或许能够回答那些问题，或许不能，或许从未有人问起那些问题。

她不了解也不在乎我在想些什么，继续说，“那是因为你从未观察过佛的眼睛。试一下吧，你将发现它们明亮有神，而后你会理解，认为自己所想的不合逻辑这并没有错。因为逻辑只是一个负责给你大脑发号施令的工具，不应与清楚明了混为一谈。实际上，正是逻辑才造成了困惑。”

“逻辑和清楚明了难道不一样吗？”

她有些沮丧又有些心不在焉地摇了摇头，因为我所说的话无关紧要。在她摇头时，她那对硕大的银耳环就像风中摇曳的关着长尾鹦鹉的鸟笼。“如果你不会混淆，那么像命令本身这样的逻辑工具就没有必要存在。如果你心如明镜，那么也就不再需要逻辑了。”

“如何能清楚明了呢？”

“到山上去。”

看到神山

“康维能看见一条长长峡谷的轮廓。它的两侧是在夜幕深蓝色的衬托下乌黑发亮，显出圆形的低矮小山，黯然伫立。然而，就是这条峡谷的前部吸引了他的目光，他望见一个豁口，它在月光的照耀下十分壮观，在他眼中，这该是世间最壮美也最可爱的山峰了。”

——《消失的地平线》

从飞来寺启程，我们搭上一辆运货车前往卡瓦格博。车经过八座白塔，将我们放在一排茶室的前面。八座白塔是卡瓦格博的主观象台。

但是我们看不见山脉，因为整个峡谷笼罩在一片夏末的薄雾之中。薄雾在午后阳光的热气中升腾、汇聚、变成云，遮住卡瓦格博山的山顶。

“夏日里最难见到山。”蓝月解释说，“这是因为雨产生云雾。云雾遮蔽了山顶纯白的坡面。有时，来到这里的摄影家要等上几个星期才能一睹山的真容，而卡瓦格博山神拒绝展现真容。但这并不意味着就不能看到它，你看不到，只是因为云不愿散开罢了。”

她的手轻轻弹动，佩戴的银镯从肘部滑到腕上，发出叮叮当当的声响。她带我进入路边的一座小神殿。神殿里供奉着一尊护法神像，神像面容坚毅，双臂架着武器，身骑白马。蓝月烧了一炷香，并点头示意我也这样做。“拜求卡瓦格博的保护吧。它是我们和卡瓦格博山的保护神。”

“保护神？”

“其实，他是一座山。”

“那他到底是谁呢？”我继续问道，意欲探个究竟，“是祭坛上身骑白马的保护神，还是远处因云雾笼罩以至于我们无法看清的卡瓦格博山呢？”

“保护神就是卡瓦格博山。”蓝月解释说。“但在从前，这座山是个九头十八臂的妖魔。妖魔经常恐吓寨子里的村民，没有任何办法将其降伏。”她耸耸肩叹口气，继续说，“直到印度的‘莲花生大师’，也就是我们藏人尊称的仁波切上师的到来。公元8世纪，他应藏王赤松德赞之邀抵藏，旨在降伏阻碍桑耶寺修建的妖魔。在他收服妖魔之后，桑耶寺顺利建成。离开桑耶寺之后，莲花生大师遍游西藏，运用法力帮助藏人战胜妖魔。凡有妖魔之处，他都将之变成保护人民的山脉。正因于此，我们藏人才有了这么多的保护山，多亏了莲花生大师啊！”而后，她挥舞了一下那只戴有银戒指的手（戒指上镶嵌着绿松石），仿佛猛然想起什么似的，向我建议说，“现在该拜谒神山了。”

我突然想到，我们时时挂在嘴边的价值观或许只是反映人类自己珍爱的偶像雕塑，就像每年在公园中被成千上万的游客所拍照的大理石雕像。游客们耐心地排队穿过安检，但并不了解那些雕像的象征意义，也不会修习雕像

背后已被遗忘的信条。最终，这些纪念像不再代表一系列信条，而成了一种迷失自我的表现。

刹那间，往日生活的画面跃入我的脑海。那些我曾学习并相信的事物或许根本就不存在（除了曾在新闻报道中出现以外）。就像商业广告一样，它们也是虚假的，最终都是付费广告，因为跨国公司希望人们相信他们卖给你的东西。我们所相信的自由，只存在于政府掌控或比我们更富有之人所掌控的广播电视之中，而他们利用传媒手段维持着一个有利于他们利益的体系。实际上，在这场绿野仙踪式的比赛中，我们无法相信任何人。自布雷顿森林体系（即Bretton Woods System，它是第二次世界大战后以美元为中心的国际货币体系）建立以来，人们一直在一系列通过媒体垄断加以巩固的神话基础上构建着一个机能失调的社会，拥有媒体垄断的各家公司，通过在金字塔系统中的债务工具交易维系着社会的运转，这只是一种幻觉，它之所以没有崩溃是因为我们一直被说服去相信它的存在。

我们生存的最后前提，即环境，不久将是下一个被夺走的东西。当环境不复存在时，我们可能会像空中飞船一样生活在装有空调的大型购物中心里，在充斥着用户至上的标牌和快餐中生存，直到我们的躯体因疾病而腐烂，而医生、制药公司、律师和保险公司却能生意兴隆。不必担心人类生活的代价或者我们周围环境的污染，因为它将作为股东评估的一部分而与注销的额外产品一起被转化为资本。最终，我们将像任意的一个统计值或被除数那样被划除。

我的脑海中回响起白云飘过的声音。

我坐在卡瓦格博山前，等待白云飘过。白云逐渐消散。在卡瓦格博雄浑的自然景观面前，我想到，或许群山的存在并非真正意味着要被征服。山的基石是大地，万物在大地上萌动、生长、死去、重生。可能这一切我们从未记住。

想到风中狂笑的乌鸦，我内心的平静被打破了。

脑海中响起的乌鸦叫声被蓝月打断。她问我是否想烧炷香。她已经问了我好几遍，可是我都没有听到。我的心被带到狂笑的乌鸦黑色的羽毛上。蓝月指着风，风正将烟气吹至云端。她提醒我该多烧几炷香了。

随后，蓝月从一棵泛有红色香气的松树上折下几段树枝，把它们塞进白土垒成的炉灶，并端上一瓶水，在燃烧的松树上洒了几滴。带有香气的烟飘散着，就像自高空云端传来的笛声。云端的某处就是意识消退之后的交合点。

“跟我一起散散步吧。”她招呼我，领我围着八座白塔顺时针地绕行。经幡一个挨一个交错地插在小路上。在绕八座宝塔行进时，我们不得不踏入水中，有时还得俯身穿过经幡。

她领我来到宝塔远处的一处僻静之地，那里的地面有些磨损。“我们就在这里拜谒卡瓦格博神山吧。”她喘着气低声说。然后，她目无旁人地双手合十，用手触碰头顶、前额、喉部和胸部，而后俯身将四肢和头部贴在地面。她毫不犹豫地依次做着这些动作，没有半秒的迟疑。

“这些部位代表佛陀（释迦牟尼）、达摩（佛法）、僧伽（佛教徒）。”她解释说，再次举起合十的双手，连拜三下。我默不作声地跟着她做。

她补充说，“这几个部位也与我们躯体上的轮相对应。”在前额触地之后，她挺身站起。一头黑色长发飘然垂落，像面纱一样遮住她的前额。她将头发甩到身后，目光坚定地望着我说，“轮是心和体的接点。能量沿着轮穴线从我们的头顶流至丹田。为了激发我们体内的潜能，我们必须打开轮穴（人体上能量的进出口，人体上一般有七个轮穴），找到我们的光源。”

说此话时，她的气息如冰一般清冷，太阳在云后显现。透过厚厚的云层，太阳宛若一张带有薄光的圆盘。想象一下有人在纱幕后摆上一只蜡烛、纱幕在蜡烛前缓缓融化的情景吧，那就是云雾消散时给人的感受。光线像堕落的箭头一样穿透云层。当薄雾消散融入阳光的碎线中时，整个卡瓦格博山宛若彩色玻璃下的一座祭坛，彩色玻璃带有光雨倾下的温暖。她指着卡瓦格博山，低声说，“这就是云雾消散时的感觉。”

寻找钥匙

“那远处的白色金字塔，虽激不起多少浪漫情怀，却让你不得不在心底接纳它，逼得你不得不叹服欧几里得定律。最后，当太阳升到碧蓝的天空中时，他才感到稍稍好受些。”

——《消失的地平线》

蓝月用她那柔和的低音解释说，“在进入卡瓦格博山前，必须找到钥匙。”

“钥匙？”

“对，钥匙。”

“对不起，为什么爬山还需要钥匙？”

“不是的，你需要的是一把开山的钥匙。”

“噢！”我有些困惑，“那么我们到哪儿才能找到这把钥匙呢？是到德钦的钥匙店，还是到其他一些必须前去的地方呢？”

“不是这样的。”她轻轻摇摇头，对我的问题表现出稍许的沮丧，“这把钥匙在哪里都无法得到，只能从一座叫做‘其灯阁’的寺庙中取得（其灯阁寺，汉语称‘白转经’，即‘白色转经派’之简称）。那座寺庙鲜为人知，只有从德钦沿一条弯曲的河道到达另一条河，跨过这条河才能到达那里。如果不向当地藏人问路，你就无法找到它。但是如果你问得过于执著，他们又不会告诉你。”

“那么，钥匙就在那座寺里吗？”

“在去卡瓦格博朝圣前，你必须获得这把钥匙。”蓝月恳切地说，“它能够打开进山的大门。”

我想前往那座寺庙寻找这把钥匙。我不知道它是否是一把巨大的宽边钥匙，也不知道它是否能够插进锁眼儿，咔哒一声将大门打开。后来我才发现，这样的钥匙是看不见、摸不着、无影无形的。实际上，找到钥匙必须是心中构建的信念，这才是去寺庙的全部意义所在。

我们穿过河流，到达寺庙，那座寺庙看似一座由撒落的白沙堆砌而成的幻影城堡。蓝月解释说，“紧闭的门只存在于潜意识中。倘若门乐意被打开，那么钥匙就能够打开门内的凹槽。只有经常不断地围庙绕圈才能找到这把钥匙。所以开门的谜不是寻找钥匙，而是要解开那些圈。”这些转山或转圈是为了使内心平静下来，在转圈时你的每一步都会更加坚定。

我发现了那座寺庙与以往所见普通寺庙截然不同，因为，它完全不像一座寺庙，倒像是一个白色沙城堡。包围整座寺庙的是白色石笋状石膏结构。它们看起来像沙城堡里的滴沙墙，就像是我儿时在海滨沙滩上堆砌的一样，尺寸就如在非洲发现的巨型蚁丘。穿过大门后，我们沿着城堡里一排排的滴

沙墙行走。空气中弥漫着松枝燃烧时散发的气味。人们往白土炉灶中放入更多的松枝，使火终日不熄。经幡迎风飘舞。蓝月提醒我，“花点时间看看风的颜色吧！”

山上除了有些前往卡瓦格博神山朝圣的人之外，还有来自寺庙附近村落里的老妪和青年女学生在转庙。她们每天来这里清扫寺庙，转山朝供。她们告诉了我们这座寺庙的历史。

据说很久以前，人们在这里发现了一座水晶佛塔。这究竟是什么时候发生的事，没有人能说得清，但每个人都笃信这件事曾发生过。为了保护宝塔，藏族朝圣者带来了石膏和水，给宝塔涂上灰泥。他们不断涂抹，直到出现了众多石膏宝塔。宝塔层叠错落，座座环绕在寺庙的周围，形成了一个巨大的圆环。整个地方看起来好似一块巨大的石膏生日蛋糕。以至后来，人们渐渐忘记了哪座石膏塔里存有水晶塔。但是已经不重要了，重要的是这里积聚的能量。朝圣者到这里后，在进山之前首先要找到钥匙的原因也就在此了。

老妪和女孩儿每天都来这里扫塔，所以白色的石膏纯白依旧。她们为朝圣者做这些事，并跟随朝圣者一起转山朝拜供奉。

她们说，“打消寻找水晶塔的念头吧，它就在这里，那就是你要知道的全部。你看见这些朝圣者了吗？他们来自附近的德钦。他们来到这里添抹石膏以保护水晶塔。关注水晶塔的保护是我们应尽的义务。同理，如果你的目的向善，来到这里为一些事情祈求祷告，那么你就会得到它（水晶宝塔）。”

在进入卡瓦格博之前，藏族朝圣者绕着梦幻般的石膏塔基转塔，这种梦幻就像萨尔瓦多·达利（20世纪最伟大的超现实主义画家）的想象。时钟停止嘀嗒，延展开来，变成日落地平线上的阴影。阴影继续延伸，越过马和大

象分崩碎裂的地方。在这里，它们可以被重新拼凑在一起，有时还长着翅膀，但危若累卵，摇摇欲坠。

寺庙佛龛里供有一尊佛像，但你不能拍摄它。守护寺庙的藏族妇女会告诉你原因。她们用轻柔低沉的嗓音循循善诱地告诉你，这尊佛像法力无边，以至于那些拍摄过它的人都会遭遇灾祸，所以不要拍摄佛像。但是藏区的其他寺庙却没有对拍摄佛像给予严格的限制，这使得这尊佛像格外与众不同。其实拍摄这样的照片毫无意义，因为一张照片无论如何也不能传递你头脑中的印象。在你离开时，这种印象也留在了此地。

一位看管寺庙的妇女说，“来这里寻找钥匙的人必须转很多圈，而这是获得钥匙的唯一途径。在这里，你可以跟着藏人前行，并请求他们帮助解开心中的谜团。”

围着超现实主义的白塔转圈，感觉就像游离在弗洛伊德的梦境之外。

弗洛伊德认为梦是潜意识的现实，而有意识的现实常是支离破碎的梦境。所以有时候梦比现实更为重要。

有些人白天做梦，晚上睡觉。

有些人整日整夜地做梦，因为白天与黑夜之间没有差别。实际上，它们是一样的。

“结，那个结。你忘记那个结了。”蓝月打断了我的遐思。“如果你不再做梦，那么你就再也无法解开结了。通过转庙，你脑中的结会被解开，变成尚未纺成的线。这就是我所指的‘找到钥匙’。需领悟到，在进山之前找到钥匙就意味着世上万物的终结。看！”她伸出长长的手臂指向前方，手臂上的银镯叮当作响，“你能看到消融于落日中的阴影吗？”

“我什么也看不见。整个峡谷似乎都被群山环绕。如果太阳落山，你怎么能看穿阴影呢？”

“那是因为你没有仔细观察地平线。”她大笑道。

飘动的云

“他对山谷外那座山也同样有兴趣：这是一座光彩炫目、让人热血澎湃的山峰。他感到奇怪，到过这儿的旅行家们在他们游历西藏高原的书中，为什么没有描绘过这座山，只是千篇一律地引经据典。遥望山峰，他不禁心驰神往，他的心已经在攀登它了，顺着冥想中的山坳与隘道崎岖而行……直到马利森突然叫喊起来，才回过神来……‘您在看那座山吗，康维先生？’那人问道。”

——《消失的地平线》

找到进山的钥匙之后，我们于第二天清晨破晓前返回了面向卡瓦格博山的八座白塔。蓝月坚持我们要早起。她曾听说，八位仁波切将于拂晓时分在山前为朝圣者诵经。仁波切在藏语里的意思是“珍贵的宝石”，他是指转世的喇嘛，在中文里称为“活佛”。有八位仁波切来卡瓦格博为朝圣者诵经确实很特别，黎明以前就有许多当地的藏人前来等待了。

果然，八位仁波切乘面包车抵达，已站在卡瓦格博八座山峰对面的八座白塔前面。八位仁波切上前点燃了松香。由于云雾缭绕，看不到卡瓦格博的任何一座山峰。蓝月低声说，“他们是来驱散云雾的。”

吟诵像商队的马铃声回荡在峡谷之中，而峡谷尚未被薄雾的芬芳所唤醒。

云雾无法散去，于是八位仁波切开始从装冰茶的塑料瓶中倾倒圣水。蓝月说水将驱散云雾。我看不出倒冰茶与驱散云雾之间有什么关系，我请她解释一下。

“据说许多年前，十世班禅来到同一地方，他在神山前将一罐可口可乐变成神水，在神山前拨开云雾。那时候，班禅站在卡瓦格博山前，许多游客都来为他拍照。”

那天早晨，我们坐在一间茶室里，吃着藏式糌粑，喝着酥油奶茶，等着八位仁波切的到来。在茶室的一排木柱上贴着一张黑白照片。就在那个时候，蓝月给我讲述了将可乐变圣水的故事。藏人可能认为那是一个神迹，而对跨国公司来说，则是一个全球化的胜利。我凝视着照片：当班禅大师面对相机的时候，他的双手背在身后。我根本看不见可乐瓶罐。显然，他们错失了一个做广告的大好机会。

我对可乐变圣水的说法仍持怀疑态度，直到后来，八位活佛走出了运货车，人们站在笼罩八座白塔的云雾之中，吟诵着经文，高举着神圣的糌粑（一种大麦谷类食品）。果然，就像柔滑的帷幕在伦敦舞台缓缓拉开一般，雾气消散，云层半开半合地停滞下来，露出在清新的空气中卡瓦格博那直刺云天的白色山峰，山峰在清晨格外清晰。

片刻之间，我感觉这座山就像一位演员，似乎可以躬身似的。人们双手高举，向卡瓦格博表示敬意，而神山仿佛是用为朝圣者拨开云雾来表示对八位“活佛”的尊敬似的。人们将糌粑四处投撒，此时糌粑变成了圣谷。风在吹。糌粑被风吹散开来，此时，乌鸦也“呱呱”叫起来。

云雾散去，露出山顶。八位仁波切开始为聚集在那里的人群祈福并向山神致谢。随后，他们乘坐来时的破面包车离去。云雾飘过，宛若漂浮在海上的船，而卡瓦格博又再次隐入薄雾之中。

我仿佛被施了催眠术一般，若不是亲眼所见，我可能永远不会相信。但是我亲眼看到了，这一瞬间完全改变了我的看法，那就是什么是值得相信的。禅修可以灼烧薄雾，甚至可能提高可口可乐股票的价格。

“现在该你朝拜卡瓦格博了。”蓝月喘着气，低声提醒我，“只有这样，你才能逐渐理解你自己意识中的信念有多么强大，甚至可以拨开云雾。”

走进神山

“他的目光越过山谷，扫向楼台边缘下方一片蓝黑色的虚空。落差幽邃，大约有一英里深。他想知道自己是否被允许到下面去领略一番聊天中常提到的山谷文明。”

——《消失的地平线》

前往卡瓦格博的旅途不是朝上行而是往下走，道路沿着绝壁蜿蜒，穿过峡谷到达澜沧江。澜沧江奔流向南，最终汇成湄公河，滋养着东南亚的广袤土地。

我想到自己年幼时翻阅《国家地理》杂志时看到的那些住在高桩木屋里、用印花手帕包头的人们，想象他们是如何同饮来自卡瓦格博的冰川融水。实际上，在神山周围，并行流淌着金沙江、澜沧江和怒江三条河流。它们在此处将中国、东南亚和印度连在一起，而卡瓦格博正是中心点。世界三大文明的河源就是源自这里的雪山冰川，或者说卡瓦格博就是三大河流的另一个汇合点。跨过湄公河，我们才能进入卡瓦格博。

抵达卡瓦格博山脚下，寺庙旁的路障使我们停滞不前。战士们正在用手清除路障。他们负责保护那里的神山，因为那里已被确认为“环境保护区”。战士们想要记下我们乘坐的吉普车的牌号，于是我们停下车。一个战士打开车窗向里探望，他警告司机不要破坏环境，并告诉我们不要拿走山上的一木一石。

这时，蓝月下了车转向我低声说，“来这里拿走一块石头或一根木头留作纪念毫无用处。其实，这样做毫无意义。”她语气中带有些许讥讽和轻蔑，随后在返回村庄的半途中，她又补充道，“要带着你的心走进大山，并把它留在那里。”

“把心留下？留在哪里？留在山上吗？怎么留？”我大声问她。

“通过与山交流。”蓝月大笑，转身漫步走向卡瓦格博山脚下自己村庄的道路。

“怎么与山交流呢？”

“先与山对话吧。”

司机忙着登记车牌号，他对谈论神山兴趣索然。登记牌号花费了一些时间，因为战士们让他填写一张表格。还有其他的司机也等着填写同样的表格。折断的铅笔弄得他们个个手忙脚乱。于是在一片铅笔的划擦声中，我跳下了吉普车，绕着寺庙和一棵古松之间的三座“玛尼堆”转圈，想着如何与神山对话之事。那棵古松枝干上裹着许多白色哈达。我在树前停下，不明白这些哈达是如何被裹上的。随后我注意到，每位藏族朝圣者都会伸出双手和前额

虔诚地触碰古树。为什么他们如此虔诚呢?

他们停了一下告诉我,“一千年前在西藏建造桑耶寺时,许多伐木者涌入峡谷,砍伐树木,希望将木材卖给建造桑耶寺的承包人。一只兔子来到这里,令伐木者感到惊奇的是,这只兔子竟然会说话。兔子躺在他们面前,声称带来了来自西藏的消息,它说桑耶寺已经建成。伐木者相信了兔子的话,停止了砍伐,四散返家。兔子哈哈大笑,在空中挥舞着爪子,蹿入林中。事实上,桑耶寺仍在修建,且只修了一半。而这只聪明的兔子愚弄了伐木者,让他们放下了斧子,使整个峡谷里的松树得以保全、继续生长。”如今,朝圣者在这些古树上系上了哈达。他们系上更多的哈达,然后离去。

听完这个故事,我也触摸了一下纤薄如纸的松树皮,想到这棵挺拔的古松很可能已有八百年或更长的树龄了。不管怎样,这个寓言的寓意与树前流淌的长江水一样清澈通透。在西藏哲学中,拯救树木似乎比建造寺庙更为重要。无须为了信仰佛教而建造寺庙,能够保护林木才最好。

在这棵古松旁有一座纪念莲花生大师的寺庙(莲花生大师,即“第二佛陀”,藏人称其为上师仁波切)。一个名叫森拉多吉的藏人建造了这座寺庙。我遇见了他,他仍在寺里生活。实际上,在建成寺庙后,他每天都待在寺里,从未离开过。当我穿过庙门踏入寺内时,他就站在那里。他面带微笑,神情安详,主动提出要领我们参观寺庙。参观寺庙没有花太多时间，因为寺庙规模很小。

森拉多吉身高体壮。以前他是一位远近闻名的猎人，曾猎杀过许多动物。他高强的狩猎本领传奇般地传遍了周边藏人居住的峡谷。他曾对自己的战利品备感自豪。但有一天，他冒险来到神山上狩猎，突然怔住了，就像在镜中看见自己的模样一般，他在山的一面看到了自己的身影。当一个人被迫面对自己的身影时，其内心的自我是如何被摧毁的，这实在令人诧异。

这种奇怪的现象令森拉多吉十分震惊，于是他给在北京的中国社会科学院写了一封信，描述了所发生的一切，希望得到一个合乎逻辑、科学的解释。人在神山的一面突然看到自己的身影，必然有一个符合逻辑、科学的原因。但中国社会科学院中无人能够作出解释。最后，森拉多吉不再考虑这件事情了，但他却开始失眠，不久，竟到了无法入睡的地步。

每个夜晚，森拉多吉猎杀过的动物都会出现在他的梦境中，咆哮着威胁要吃掉他。每个夜晚，他都能在枕边听到它们的嗥叫和哀鸣。他无法入睡。于是一天清晨，在经过一夜无眠之后，森拉多吉返回了神山，来到那个他曾看见自己身影的地方，他问神山究竟发生了什么。

卡瓦格博山说："这些是你曾经猎杀的动物。难道你看不见吗？难道你不认识它们吗？"

在认清这是自己有意识的作为之后，森拉多吉疯了。他爬到长江上方的一块山脊上，将自己的猎枪投入江中，随后拎起自己狂怒的猎犬，把它也扔进了江中。他沿着河岸狂奔，经过卡瓦格博山脚，停在古松旁边的那个地方。在那里，他发现了这棵缠有哈达的古树。

随后，他建造了一座专门供奉莲花生大师的寺庙。自此，这座寺庙成了进入卡瓦格博的朝圣者到达莲花寺的第一站，莲花寺是朝圣的终点，也是人可攀爬的最高点。如今，森拉多吉就待在自己的寺庙中，提醒着过往的朝圣者：要永远尊崇群山，善待山中的生灵（动物和植物）。

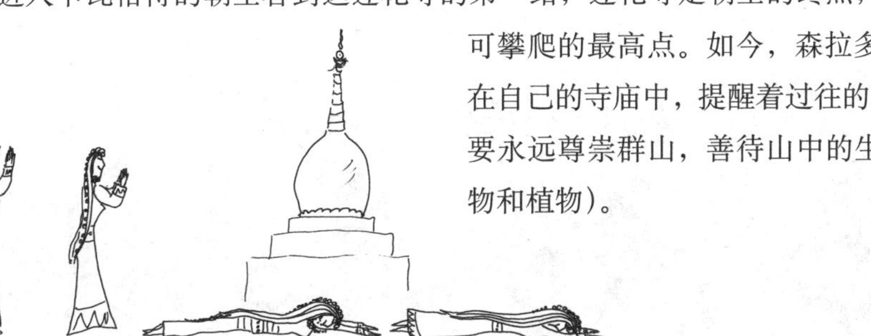

朝圣神山

“下面一段路虽然偶而也有难走的地方，但比预想的要好走多了，不会像之前那样‘令人炸肺’了。它是一条沿悬壁凿出的之字形小径，陡耸的岩壁被云雾笼罩，显得巍峨而神秘。”

——《消失的地平线》

在接受检查之后，我们驱车来到山脚下的明永村。村寨里只有大约六家商店和茶室。在明永，路到了尽头，除了步行或骑马之外，再没有其他上山的方法了。于是，我们停下车来，四处寻找马匹。

居住在明永村的藏人经营着一队前往半山腰太子庙的马帮。漫步在一条自明永直通山上的小道上就能看见那支马帮。倾听一下马铃声吧，它们在微风中叮当作响，宛若冰川融水敲击河中冰冷闪亮的暗礁发出的声音。小马跨过河流，即便是在夏日，这里的河水也冰冷刺骨。这种冰冷缘自冰川的融裂。伴随着马铃声，冰川融水发出清脆的声响。

叮当的马铃声一直通往山上。在一片寂静的古林中，你只能听到马铃声。如果你不知道它们是马，在古松荫蔽的宁静映衬下听到叮当的回声，你定会以为这声音是空行母——住在神山里的精灵发出的呢。在湍急的水声的映衬下，她们的声音隐约可辨。如果你想感受河水自冰川流入峡谷所产生的力量，那么就聚精会神地倾听冰河破裂发出的声响吧，或许你能听到呢！

沿河而行，这条河一直通向河流上游的囊瓦曲果。据说，在天气晴朗之际，当蓝天的声音是绿色之时，你能看到太阳和月亮的倒影。因为河水来自山顶融化的积雪，所以也有人认为这条河流是自天堂而下。

灵巧的小马在途中急转的弯道上谨慎前行，落蹄精准无误。马儿利用片刻工夫拼命啃着路边的青草。

一个叫做“阿妈度母”的玛尼堆立在草丛中，许多刻有“唵嘛呢叭咪吽”咒语的石头堆砌在一起。几个世纪以前，一名男子为尊奉他的母亲，把这样的石头放在此处。这位老妇人是来攀登卡瓦格博山朝圣的，却在巡山朝拜的路上不幸病故。

她在玛尼石高高堆起的地方病倒了。她的儿子沿着她的足迹来到她辞世的地点，在她躺下的位置堆放了玛尼石以超度她的亡灵。对老妇人而言，整个一生就是为了到卡瓦格博来朝圣，但是她却死在了半道。因此她的儿子来到这里，完成她巡山朝拜供奉的夙愿，并留下了玛尼石。之后，后来的朝圣者也以同样的方式表达心愿。随着时间流逝，朝圣者纷至沓来，玛尼石也被堆得越来越高。

当我坐在阴凉处稍事休憩时，巡山朝拜的藏人也停了下来。他们与我们

一起分享了一个在这个藏区被反复传诵的故事。故事讲述了一位失明的老妇，终身梦想前往圣城拉萨朝圣，但由于失明，一直未能成行。

后来有一天，她的儿子告诉她，他要去拉萨朝圣。这位双眼失明的老妇人欣喜若狂。她让儿子从拉萨带回一块普通的石头。对她而言，一生足矣。她的儿子答应她一定完成任务。

当时，前往拉萨的行程漫长艰辛。老妇人坐在家里，等着儿子归来。三年过去了。一天，儿子终于回来了，他还认得回家的路。猛然间，他想起忘记了要给自己可怜的双目失明老母从拉萨带回石头。

想到母亲在得知自己忘记了她唯一的心愿之后会多么难过，儿子在走进家门时，从自家前院拾了一块石头，并巧妙地用哈达把石头包裹了起来。一进家门，他就将石头递给了母亲。然后，他向母亲撒谎，讲述他一路将石头从拉萨带回家的经过。

母亲满心欢喜，她将石头放在祭台上，扑倒在它的面前祈祷。由于失明，她完全没有意识到这块石头就来于自家的前院。日复一日，石头逐渐变成了一只海螺。海螺是藏传佛教象征物中一件神圣的珍宝，喇嘛们用它作为法号来宣布大慈大智战胜贪愚痴的消息。

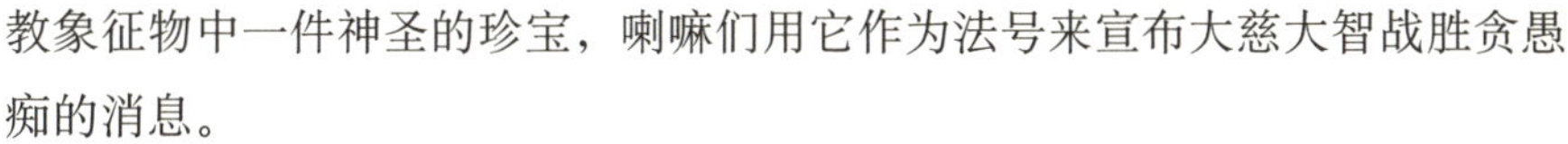

这个故事要告诉我们的是，如果心术正的话，即使自家院落里的石头也能变成珍宝。若你欲求正确，或许你根本无须朝圣，它就在你的心中。通过朝圣，你不是在继续一次旅行，而是将生活的各个片段拆解，然后以正确的方法将其放回。身体力行的旅行只能迫使你的心去朝圣。”

我离开玛尼堆，沿着小路来到一个地方。那里，风从一棵高大的“康贡巴”树间吹过。古时候，因为这棵树枝繁叶茂，一位藏族土司买下了它。

当时，他付钱给僧侣们让他们祈祷保佑这棵树。土司认为这棵树有他整个家族的脉系，所以不能被砍掉。这就是他付钱给僧侣要求保护树的原因。时至今日，这棵树依然岿然屹立。或许你会疑惑不解，像土司这样家财万贯的人为什么会买一棵树来保佑家族的脉系呢，这就是因为物质财富缺乏根基。

距离古树较远处有一块岩石，名为“珰京派巴”。珰京住在岩石下面。他是卡瓦格博山的护法铁匠，专为卡瓦格博神的坐骑钉制马掌。每逢雨雪交加之时，卡瓦格博山神骑的那匹英武的长鬃白马就会迎风嘶鸣。路上的藏族朝圣者解释说，铁匠珰京是卡瓦格博的守门人。每年3月15日，当春天来临、月光清亮之际，他就会打开山门。那天，德钦周围村寨的人们都会来给卡瓦格博烧香。根据燃烧的香灰，老人和智者能算出他们寨子明年的定数。

“据说俯身将耳朵贴近岩石，你就能听到下面护法铁匠隐约发出的声响。但多数人不愿贴近岩石，而且他们也无法透过岩石听见声音，因为他们自己的思想正像漩涡一样急速地旋转。漩涡是河流骚动不安的运动。那不是岩石的声音。要听到岩石的声音，你必须不去听流水的震颤。”

在这里，道路沿着河流上方的崖壁蜿蜒向前，河水从下面流过，水声掩盖了岩石的声音。下面是被水流裹挟的石头。

当地有一个关于村寨里两个男孩儿的故事。他们从小一起长大，长大后，分别住在峡谷的两边，一个成了喇嘛，另一个成了猎人。喇嘛日日禅修；而猎人则天天猎杀、食用大量的动物，并卖掉兽皮赚钱。

一天，猎人突然意识到猎杀这么多的动物既毫无价值又罪孽深重。于是他心灰意懒，把钱投入峡谷，跳崖自尽了。在顿悟后，他成了佛。

在另一座山上禅修的喇嘛看到这一幕非常愤怒。猎人一生杀戮享乐，自杀后却成了佛。喇嘛十分嫉妒。他一生节俭，在山上禅修，希望能开化成佛。他想，如果成佛真是如此简单，仅需跳崖便可，为什么不也试试自杀呢？于是他也跳崖自尽了，但是他却没有变成佛。

每件事的出发点都是你的欲求。喇嘛没有成佛是因为他的欲求是要成佛，太过刻意了。而猎人虽然一生犯错，但是他意识到了这一点，觉醒了，并改变了业。业随欲求。如果你的欲求是消极的，那么不管你的业如何，结果都不会对任何人有益。但如果你的欲求是积极的，那么果就能将消极变为积极。”

盲人和寺庙

“当时他就躺在现在这间屋子里，亲爱的康维，透过窗户，他那双孱弱、疲倦不堪的双眼可以看见一片模模糊糊的白色，那便是卡尔卡拉山；可他的心灵能更清晰地看到它那无与伦比的轮廓，半个世纪之前他初次望见它的时候就已将它铭刻在脑海之中了。”

——《消失的地平线》

我们穿过高山丛林向上攀登。冰融为水，冲入下面峡谷的岩石中间，形成白色的漩涡。这使清新感越发明显。水气散发，薄雾升腾。云雾缭绕在古松的枝干上，随山势而升腾。马帮沿着松林间狭窄的小路前行。我们就这样进入了随山势升腾的雾气之中。

薄雾散去，露出了明净绚丽的空间，天地之间的界线清晰可见，高高的山岭兀立于大地之上。这片空旷的土地上长着青草,还有马匹在商队旁边休憩，安闲地吃着青草。它们的身后就是太子庙。

对藏人来说，珠穆朗玛这个世界上最高的山峰是“母亲山”，而卡瓦格博却是“太子”。其峰顶海拔6740米，这使它成为世界上最小的一座积雪覆盖的山峰。但与珠穆朗玛不同，卡瓦格博不能攀登。1991年，一支中日探险队试图攀登卡瓦格博，结果十七名队员全部遇难。于是时至今日，已无人尝试攀登卡瓦格博山了。

受到居住在附近村寨里的藏人的阻拦，其他探险队也停止了攀登卡瓦格博。他们了解神山之谜。神山山顶是不能攀爬的。职业登山者们是如此地失望，因为他们总被告知山是可以被征服的。但对藏人来说，积雪覆盖的群山是不能攀登的，只能被尊崇，因为它们是神山。同样，冰川上的冰也不能踩踏。

太子庙是卡瓦格博山上最大的寺庙。因为这座山是一位太子，于是寺庙以山命名。穿过丛林就到了寺庙前。

一到达高山的这块空地，第一眼看不见太子庙。路中央有一个玛尼堆。我围着玛尼堆顺时针绕行了一圈，而后径直朝马匹走去。当我的小马从高山的阴影下走出来时，我的眼前一片白色，一条冰河在卡瓦格博山的一侧延展。太子庙就是这片白雪的边框。

白色占据了我的心，就像夜里西藏高原上的野狼在天寒地冻之际、饥肠辘辘之时发出的哀嚎。我能够听出它们的饥饿，看见白雪宛若在静默中呼唤的精灵。从毫不知情、自顾自地吃着草和在商路中间休息的马匹前经过，我发现马匹的周围遍是橘黄色的野花，这些野花正在道路的两侧疯长。穿过野花丛，我抵达太子庙。

一位老人在寺庙门前等着我们。他负责照看这座寺庙。我突然想到，或许他已经在这里待了很多年，度过了一生又一生。这个想法在我的脑海中闪现，就像阳光在午后不久照射在某处的冰川白雪上，金黄色的倒影让人感觉并相信白雪是地球上最纯净的东西。倘若伸手抓取一把，白雪便会瞬间融化。

我问老人在这里待了多久。老人告诉我他已经待了13年。在我离开之后，他还会继续待在寺里，一直到死。下一次当我返回卡瓦格博山的时候，他可能就不在这里了。他告诉我不必为这件事烦扰，到那时也不必费心找他，因为一切还没有到来，重要的是关注目前已经到来的东西。

老人几乎没有牙齿，或许还有两颗吧，而且一只眼睛已经失明。我问他为什么选择照看这座寺庙。他用一只眼睛看看我，默不作答。我所能理解的就是，他决定待在这里，待在这座寺庙里，打扫庭院，度过余生。

人们来来往往，企盼从神山上带回点什么。或许他们能够找到，或许不能。如果他们带着东西来，可能不会将其留下。如果他们带回了东西，那么也就不会两手空空了。他们已经忘了带上这里没有的东西，或留下未被带走的。所以老人一边等候着朝圣者纷至沓来，一边心情愉悦地照看着这座寺庙，但并不给人指路。由于不会受到朝圣者的干扰，他已经成了神山的一部分。

在那一刻，他的生活在我的面前展现。身为农奴的他曾经为一户领主所有。他的过错就在于对那个领主过于忠诚。于是，他曾跟随达赖喇嘛离开中国，逃到印度。在印度，他就生活在比他更为穷困的人们中间，开一家商店，做些小买卖，靠修修补补挣钱度日。在印度的那些年里，他最大奢望就是返回云南，回到卡瓦格博山。

当中印关系正常化之后，他最终回到了卡瓦格博山脚下的明永村。当时，在明永村只有六家商店，这六家商店为争得来往的朝圣者和游人的小钱而激烈竞争。对于一个没牙、半瞎、70多岁、过去曾是农奴的老人来说，在明永已无事可做。于是他不再等待朝圣者，而是爬上了神山，每晚睡在太子庙的地上，照看庙里的佛像。

老人提醒我，到了这里，我巡山前往朝拜供奉的行动还未结束。太子庙只处于半山腰。马队停驻在这里是因为后面的道路狭窄曲折，就连马蹄也无法确定冰河会在某处冰水融化的地方崩裂。他解释说，但人必须找到开裂点，这是登山的全部目的。如果我想找到那些开裂点的话，就必须完成朝圣。这意味着要一路攀登。

他说我能找到莲花寺，那是山路终止的地方。他用深信不疑的低音解释说，一个人攀得越远，剩下需要攀爬的就越少，攀登也就变得越发容易。万物都终结在无人攀爬的那一点上。

老人的一生只为了一个单纯的目的，就是照看寺庙。实际上，他唯一的愿望就是等我离开寺庙后将无人打扰他，他就能够继续清扫寺庙了。

与石头对话

“这位太子一开始什么名堂都看不出来，以为不过的一些顽石。于是这位艺术家让他‘砌一堵墙，在墙上开一扇窗，然后在黎明的曙光中通过窗子去观察这些石头’。王子照做了，然后他发现，这些石头的确非常漂亮。”

——《消失的地平线》

顺时针绕过太子庙后，道路继续向前。在寺庙正后方的路上有一块石头。石头垂直竖立，第一感觉状如阴茎，类似在印度或尼泊尔可以见到的林伽（为印度教湿婆派和性力派崇拜的男性生殖器像，象征湿婆神）。然而它却是浑然天成。石头立在路中央。若要沿路前行，就必须绕过它。

藏人认为这块石头深藏着大地的秘密，总有一天，那些能与石头交流的人会得知这些秘密。如果你开始了解这种散乱的逻辑形式，那么你就能开始尝试与石头交流了。

但一个人如何开始与石头对话呢？对话开始于切断之时。当万物破裂时，你就能开始试着与石头对话。最初，石头会对你不理不睬，一言不发。这并不意味你就可以站起身，沮丧且愤怒地闪身离开。不要挑起与石头的争执。这样会击碎你攀登卡瓦格博山的全部目标。

你需要有耐心，某种程度上，不光要有耐心，你的内心还需如宽广的大海般平静，这样才能保持你身体上的七个轮穴成一条直线，不会因等待所带来的沮丧而失调。

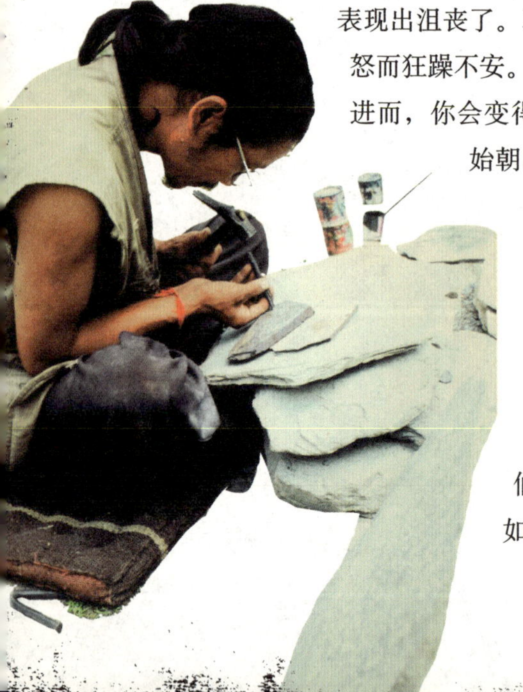

如果你想知道还要走多远才能到达山顶，你就已经表现出沮丧了。不要让自己偏离中心。乌鸦会因你的恼怒而狂躁不安。如果你试图大声叫嚷，它们就会嘲笑你，进而，你会变得心绪不宁，甚至更加气愤，以至于开始朝乌鸦投掷石块。那样会使所有人都心烦意乱。而后，乌鸦四散飞走，最终毫无结果，只会留下更多的混乱，比早先你开始试图与石头对话时还要多。若是这种情况，还不如不要开始。

你会开始分心，路过此处的人们会看着你，好似你失去理智一般。他们会问，试着与石头对话有什么意义呢？如果你试着解释，他们就会说，他们已经

听够了你的胡言乱语，并从你身边走过。随他们去吧。

像上瑜伽课那样盘腿坐在石头前面吧。忘掉瑜伽老师和每小时课程的费用，也忘掉什么时候你要回去工作或路上的交通状况，或你在堵塞的路上坐在出租车里所听的流行歌曲、经济资讯和天气预报。你要凝视着石头，倾听它想告诉你的建议。

记住，不能将这块沉默的石头所了解的大地的秘密通过手机或电子邮件的形式随意转发给他人。科技发展的绝境对于理解来说至关重要。因为这意

味着，除了像在瑜伽课上盘腿而坐，在倒影无限伸长时凝视倒影外，再没有其他的方式与石头交流。然后盯着这块石头，像冥想那样地呼吸，面对石头，直到它在你两次呼吸的间隙变成你脑中的一块石头。时光流逝的静寂代表着专注冥想的声音，而时光能够延长至一块石头的整个一生。这意味着你在这里静坐的时间并不长。不要问石头太多个人的问题，只要倾听就好。

通过倾听，你会意识到自己断开的声音。每一秒钟，你都以骨肉形式留在这个世界上，骨肉将逐渐分开，直到你意识到，甚至那时你已不再存在。

而后，你的影子也会消失。万物都会逝去，包括信用卡，它们也会期满和终止。最终，这块石头会独自留下，无人与之交谈。当这段过程停止，而后再次继续时，你就可以开始与石头对话。

如果你们相处融洽，那么当时机成熟，石头就会与你分享关于大地的秘密。但这需要你抛弃思维逻辑，因为思维逻辑会阻止你与石头对话。这种逻辑能被轻易地从生活的背包中卸下而投入寺庙旁边奔涌的峡谷之中。背包会越来越轻，行进也会越来越容易。这是因为被抛弃的物品已经滚落至峡谷之中。除了绕回神山，峡谷不通向任何地方。

冰川融水汇聚成河，河水截断峡谷。因此，这是一块抛却逻辑的好地方。最终，逻辑会驱使你去寻找冰雪融化的地方，这是河流的源头。但是你无法轻易地找到它。特别是在你开始寻找已从背包中丢弃的逻辑时。逻辑找不回了，因为它已经散落在河水中。

所以不要试图遵循逻辑，它将带你从河流回到山脚下。相反，你要寻找冰川，因为它是河流的源头，那是水和冰开始分离的地方。

与空行母对话

“康维走向阳台，望着茫茫夜空下的卡尔卡拉山：月亮高悬，好似在一片风平浪静的汪洋里徐徐飘摇。他忽然觉得大梦已醒，就像一切太美好的事物一样，一旦触及现实这张让人无奈的巨网，整个世界的未来较之以青春和爱情，都将轻若云烟。”

——《消失的地平线》

我走进丛林，沿着寺后路旁的林荫道继续前行。道路通往丛林中的一片空地。空地四周挂着经幡。那里的草地十分干燥，我注意到有几处还自然裸露着。

攀登卡瓦格博山的朝圣者会带着逝去亲人的骨灰来到这里，并把骨灰撒在干草的各处。而后，朝圣者会翻动洒在地上的骨灰，感觉就像把一块露出肉的伤口插入土中。随后，他们起身把骨灰撒在风中，风会将骨灰全部吹散。曾经挚爱的亲人的骨灰中滚动着的焦虑将在这里弥漫，这充分表示，我们也已死过一回，而现在开始了新生。最终，我们开始了新的轮回。

我走在茂密的丛林深处，跨过了一条小溪。小溪通往一个当地藏人所称的空行母舞场的地方。空行母是可爱的女神，有点像仙女或天使，她们还未成为菩萨，因为她们在世间不能长久现身。你可能在丝绸之路上的唐代敦煌莫高窟的岩顶上见过她们的画像。她们总是被描绘成跳舞的形象。有些空行母边飞边舞，因为她们不能长时间地落地现身。

据说，在这片开阔的草地上，夜晚，当无人看见的时候，她们会绕着树木和岩石翩翩起舞。她们不会像情人那样令你痴狂，也不会带你寻找你一直追寻的东西。有时，她们比你自己还清楚你想要什么。有时，她们完全迷惑了，让你也陷入沮丧，去追逐着她们的身影却最终一无所获。这是空行母的作用。她们通过让你沿着模糊不清的方向跟随并追逐她们来引导你寻找自己。

空行母应该是降落在卡瓦格博古松林间的这片绿草地上起舞歌唱的。藏族朝圣者将经幡悬挂在树木和岩石的周围。他们在白天造访此地，这样就不会惊扰空行母，因为他们知道空行母在夜晚起舞，那时是不应有人倾听的。

空行母能在这里跳舞，是因为莲花生大师曾在树林上方那片平坦的悬崖上的一个山洞中修习密法。莲花生大师忙于禅修，所以不会追逐空行母。

要找到莲花生大师的禅修地需要进入林中，像

在公交车上抓住扶手那样抓住垂落的树根，拽着绑在那里的绳索（绳索用以帮助来莲花生大师禅修洞的朝圣者）爬上悬崖。拽着树根和绳索，你就会找到那个洞穴。但它根本算不上是个洞穴，只不过是悬崖上一条半开的裂缝。山洞只有半边有顶。或许在塌陷之前它曾是一个山洞。平滑的岩石构建出一片圆形的空间。真是一个绝佳的禅修地，禅修时还能听见水流经下面的岩石发出的潺潺水声呢！

离开莲花生大师的静修地，还能听到河水的潺潺声，却很难再看见白色的河水了。树枝生长，挡住了出口。透过枝杈，人们所见的空间被绿荫遮蔽了许多。

如果在禅修时你希望集中精力的话，就仰望那触及蓝天的山脊吧。不要俯视前面的大地，莲花生大师想必也是眺望蓝天禅修的。

当我坐在山洞里倾听河水潺潺之时，我开始理解为什么莲花生大师要来到卡瓦格博，我也理解了为什么蓝天的声音是绿色的。

悬崖上的山洞后面是另一座悬崖。抓住前人留下的树根和绳索，你就可以到达那里，找到神圣的瀑布。瀑布垂落宛如密集的喷雾，水流穿过岩石，在绕经莲花生大师禅修的山洞后得到净化。据说这股水与来自月鹏的水一样具有魔力。月鹏的水是卡瓦格博山上最神圣的泉水之一。它能够涤除一个人所有的罪恶。我在水中沐浴，而后饮啜了几口，它像冰山融水般清凉。

继续向上攀登，是另一座大玛尼堆。该地被称为“卡珠玛依苏杨”。玛尼堆建在一个天然形成的石碗上面。据说那个石碗曾被用来盛醋，醋是空行母的食物。

当地藏人告诫，禁止喂食空行母。空行母通常以飞舞的迷人的年轻女子形象出现，有的还拿着乐器。作为人神两界的传言者，她们能将人们的祈愿带给神，并进入你内心深藏的精神宝藏。如果你的欲求是积极的话，她们会帮助你达成心愿。但如果你的欲求是错误的，她们就会故意把一切搅得一团糟。

对此，你将束手无措。所以不要试图喂食空行母或者召唤她们，除非你完全确信你在做些什么。

空行母可被理解为能够穿越时空、在空中穿行的能量。她们与其他星系和行星的运动相互影响，代表了人们体内微妙而未开启的知识。她们可以随时随地飞往任何地方。她们不懂季节的更替。只需一瞬间，颜色就变成了光谱。当你眨眼时，一个空行母可能就已到达或离去。她们与空间的交互作用是流动的。这就是她们隐身于群山松林间的回声之中的原因。与群山一样，她们是连接天地的。

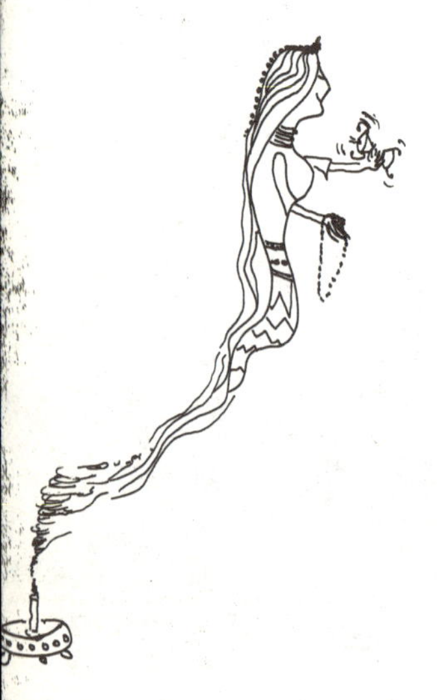

如果有人需要空行母的帮助，他们可以通过喇嘛敲击手鼓来召唤空行母。古时候，手鼓由童男童女的一对头盖骨制成，代表了两个纯洁的灵魂的合一。当欢快地摇动手鼓时，发出的砰砰声就会召来空行母。召唤空行母的时候，记住要像对待迷人的年轻女子那样精心安排，要推荐一位熟练的喇嘛从旁辅助以控制局面。还要记住，空行母会现身在你最意想不到的地方，通过肉眼你是无法找到她们的。当你不抱希望的时候，她们却会来到。而当你盼望她们到来之时，她们却又离开了。

到达冰河

“然而这感觉转眼消失，他很快又被一种更加深邃的感觉所吞没，神秘而梦幻——一种终于来到世界的尽头，或是终于找到归宿的感觉。”

——《消失的地平线》

松树间悬挂着经幡，在那里风儿会把祈祷送过大山之巅，越过大山。藏族人说，每面经幡上的马头都必须面朝大山，马儿会在风中继续我们开始的旅程，这就是大山和天空之间联系的意义之所在。空行母来跳舞时，冰河峡谷会隐藏回声，在我凝望经幡时，我确信马头的方向已经改变。也就是说，风向变了，思路也扬起风帆。它提醒我们，只有在我们最终不再记得之时，我们的潜意识总有一天会返回大山，到达我们要到达的地方。

远道而来的朝圣者，有时背负重担，有时背着沉重的背包，有时什么也没背。我们所有人穷极一生都背负重担，有时我们很清楚这点，有时我们又糊里糊涂。像我们身上的疤痕，它们的分量在我们背上，而在我们的心中留下印记，没有它们我们就无法生存。在我们并不真正懂得或问过为什么之前，我们就已迈上这条路，也许在此生，也许在来生。区别在于来去之间的深思熟虑。放下包袱一身轻松离开像这样一个地方，彻底地放空，这也许才是最难以完成的任务。

靠近卡瓦格博的冰川，有一处苔藓覆盖的树林，苔藓如野草般茂密。冰川的湿润使空气清冷。在这里就能找到莲花寺。莲花寺的中心安放着莲花生

大师的画像。传说中，莲花生大师被人发现时是一个坐在莲花上的婴儿，他的出生就是个奇迹。莲花是佛教的核心象征。莲花的根深深埋在污水下的淤泥中。莲花茎从污泥中抽出，向上生长，寻求光明，向着阳光绽放其紫色或粉色的璀璨花朵。佛教很多方面都教导我们像莲花一样。我们需要从淤泥中努力向上生长，寻求上面的澄澈。在我们到达洁净之地前，有时我们不得不经历许多肮脏。

一踏入寺庙，我的思绪突然被一阵铃声打断，它将我内心的玻璃镶板（窗格）粉碎成电闪雷鸣的狂躁，宛若水管爆裂，水柱从五星级宾馆大厅里厚大的玻璃窗格射出。当最后一块玻璃掉在大理石上时，就像一只大头钉坠落峡谷，我突然发觉有手机来电，在峡谷时，那只手机一直没有信号，而现在我已经接近冰河线了，这让我大吃一惊。

我接了电话。一个声音响起："嗨，哥们儿！"原来是大卫·加西亚，他是香港的一位野心勃勃的钢铁交易商和飞机装置投资商，他想与我讨论一下他在南京的钢铁厂的事。在我还未辞职仍是律师之时，我曾经帮助他建成那家工厂。现在，他想卖掉工厂，撤资退出中国市场。问题是如何借助法律层

面的安排，实现这次庞大的撤资行为，在撤回外汇的同时又不会在期货市场遭受损失。他需要一个撤资的建议，一个在有效时限内详细的风险和利润分析，而做到这一切恰恰就在莲花寺敞开的大门之前。

“大卫，我现在正在藏族最神圣的神山之一的最高点莲花寺的门口。”我的声音有些结巴。“这意味着我已达到意识最为清醒的状态。”我试图为自己辩解，“能否等到盘腿坐在我身边的一个藏人把‘唵嘛呢叭咪吽’刻在石头上之后再对这个决议作出决定？这块石头将在我离开后作为一个祷文留在神山上。你听说过‘唵嘛呢叭咪吽’咒语吗？”

“当然听说过。”大卫迅速反驳，“我来自拉古娜海滩（拉古娜岛是马尔代夫著名的旅游度假地，以白色海滩闻名于世）。在20世纪60年代，不念诵‘唵嘛呢叭咪吽’你是不能在海滩上孵小鸡的（即趴在沙滩上休息）。”

猛然间，我意识到即便是在神山之上你也无法远离手机铃声。这一点深深地刺痛我的心。

佛教徒说，在陌生而不可预知的时刻人会获得圆满。有时，这与禅修无关，也与坐在丛林中倾听击掌声无关。有时它发生在当你不在这里倾听树枝坠落的时候。有时它发生在当你站在莲花寺前眺望卡瓦格博冰川的时候，而那时手机铃声响起了。

我挂断手机。这宗交易就消散在了一道不知飘向何处的电波中。我决定盘腿坐在寺庙的地上，前面放着正在燃烧的酥油灯。一束红光穿透了我周围的空间。看门人在黑暗中坐着。他起身来到酥油灯闪烁的光影中。他发觉我的疑惑，于是告诉我这座寺的由来。

这是一个印度瑜伽大师的故事，他几个世纪以前来到卡瓦格博。在禅修了七日之后，他发现一只黄牛睡在山坡的草地上。“为什么在如此陡峭的山坡上会有这样一片洁净的草地呢？”这位瑜伽大师疑惑不解，“为什么这头黄牛选择独自睡在这里呢？”没有人看管这头牛，没有农舍，也没有道路和人。这么说这头牛不属于任何人。印度大师走上前去想细看那头牛。但是当他接近时，牛不见了，只留下了一堆牛粪，再无任何痕迹。当印度大师清扫这堆粪便的时候，在里面发现了一尊金佛像。凭着直觉，他建造了这座寺庙来标记这个地点。

瑜伽大师随后将一只流浪猫放进附近的山洞里。按照当地藏人的说法，山洞一直穿过卡瓦格博通往印度。猫把寺庙已由瑜伽大师建成的消息带回了印度。于是，在毫无数字通讯的情况下，瑜伽大师在第一时间将消息传回了印度。这只流浪猫是互联网的先驱。我不知道有多少只流浪猫带着同样的信息穿过我们的思想，也不知道我们是否真的需要用互联网来传递信息。

莲花寺莲花状的黑影矗立在从云端而下的冰层前面，而云层从岩石的冰川下面流过。沿着玛尼堆顺时针绕行寺庙，就能来到寺庙的后面，那里的小路继续顺时针向前延伸。但是在绕完寺庙之后，你就必须返回山下。行程重又回到出发的地点。抵达之处也就是出发之地。

寺庙后面，道路迂回。一片辽阔的崖谷把寺庙的金色拱顶与悬崖冰川隔开。这是莲花寺后面，而你不能再往前走了。面对着白雪，他们会告诉你，这是

你能到达的最远处了。但是不要让你的感觉影响你的判断力，因为我们可以一直向前。

对着神山说话，你能听到自己的回声，听到白雪消融的声音，而这些声音又被大叫着飞过悬崖的乌鸦的声音所淹没。松树间拉起的成排的经幡是由先来此地又离开的朝圣者所系。随后，乌鸦又开始大叫，继而又飞走。

在此地，消散的云朵和山上的积雪之间的空间是空灵的。自冰川流下的融水潺潺地流过岩石，这就是你心中释放出的恐惧之音。在白雪回音的映衬下，你可以听到云层翻滚的声音。与禅修一样，这是一种空灵的状态，空性来自你的禅修地，即你完成禅修而离开的地方。我试图回忆带我来到此处的旅程。

我试着记住。在冰川白雪前，儿时的画面再次浮现。站在卡瓦格博山上，我无法将它们从记忆中抹去。我再次想知道：在只有风中摇曳的野花和深谷中回荡着自己的缥缈回声的山腰木屋里居住会是什么感觉，在那里，无人攀登的群山中的冰川里流淌出一条河流穿过层层梯田。我曾梦想攀登那样一座山。那是云朵分开的声音。

尾声

“我俩们坐下，相对无言，沉默良久……后来我又开始谈起我记忆中的康维……还有那神奇的遥不可及的蓝月亮般的梦幻。‘你认为，他最后会找到香格里拉吗？’我问。”

——《消失的地平线》

去任何地方、任何一座神山的一次朝圣之旅都可以理解为一次同时在多个不同层面发生的旅行。

首先，朝圣之旅是要前往一个神圣的地方。但在另一个层面，每个朝圣之旅又是一次自我发现之旅。要到达目的地，我们就必须放下自己背上积聚已久的负担。这样旅行才能轻装上路。只有清除静力干扰，我们才能探索自己的潜在意识。在被遗忘的广袤无垠的思维认知空间，你才能触及所有问题的答案。开启大门的钥匙一直在那里，它只是一直在等着我们发现它。所以我们可以把朝圣之旅中的目的地当作是我们自己内心小宇宙的映射。朝圣之旅仅仅是带我们到达目的地的一个途径。

我在2003年沿着茶马古道的徒步跋涉远远超出一次探险，因为我还试图将希尔顿在《消失的地平线》中所描述的那些地方与云南实际存在的地方对上号。这次旅行改变了我的人生方向。大约十年间，我拍摄的材料未能编辑，原因是这次朝圣之旅最终带我走向前所未料的四面八方。

徒步跋涉中凸显了两种价值观的尖锐冲突。一方面是充斥在大多数中国城市中的对名牌和金钱的崇拜，对“全球化”这一概念的诠释在2003年到达一个巅峰。我们的主流媒体甚至不敢对我们整个地球是否该成为一个模块化的购物中心发出质疑。但另一方面，在我沿着茶马古道旅行中的每一步，都在改变这样的假

设和主流媒体的观点。

在完成拍摄回到北京后不久，我对再次西装革履真正产生了抗拒。我对登山鞋和穿破牛仔裤有了新的认同，我遇到一个喇嘛并开始了禅修。两年内，我会离开充斥着奔驰、宝马和法拉利等豪车的北京街头移居拉萨，着手开始一家社会企业的创建工作。在那里，我将结合其他喜马拉雅地区的经验致力于社会企业的建设。很快，我又再次踏上旅途。

“喜马拉雅共识”是一个经济学模式，它要求许多人在共同寻求以更为整体化的方式管理生活和经济的同时,保护文化和环境。它可以推广到其他大陆，与志同道合的人们产生共鸣，共同采取行动，在全球范围内推广。“非洲共识”将会诞生，“巴塞罗那共识”和“俄罗斯共识”同样也会诞生。“占领华尔街”运动将得到仿效，继续演变为“占领世界各地”。

未来我会花数年时间在经济方面采取不同的方案，致力于联系各大陆的运动，使之成为新的主流。人们想要改变，而且已经亲自采取行动，在社会层面，他们为了自己和自己的孩子使情况得到好转。主流媒体却忽视这些。政客们继续喋喋不休。这也就是他们为什么无法聆听的原因之所在。

各个相互独立的运动，遍及全球的这些推动社会进步的努力，它们都有着共同的价值观，这就是改善我们的环境，以可持续的方式更合理地利用我们的全球资源。追求多元化的本地化理想，而非大一统的全球化，这才是这些运动的核心所在。在全球经济发展水平不等的不同地区，那些独立而又相互关联的各种努力都要求通过社会层面富有同情心的资本和有责任心的消费帮助人们改变各公司的商业行为。

一次旅行结束，新的旅程又将开始。通过分享个人的经验可以抛砖引玉。感谢您加入我与我同行。我一路都能感到您的相伴。在本次旅行结束之时，请开始您的旅行吧，就请从与神山对话开始吧。

结束语

早在2003年的时候我写了《与神山对话》一书。当时，在中国西部许多地方都掀起了“香格里拉”命名之争。当地人想用这个名字作为标识，以促进旅游和经济发展。但是，香格里拉根本就不是这个概念。

其实，“香格里拉”一词最早出现在英国作家希尔顿·詹姆斯写下的《消失的地平线》一书中。他向世人描绘了一个东方中国的世外桃源。希尔顿从来没有去过香格里拉。事实上，他从未到过亚洲。而且他不知道他实际上是写什么。然而，《消失的地平线》成为畅销书和经典的好莱坞电影。香格里拉成为一家五星级连锁酒店。实际上这些都和香格里拉的本意没有什么关系。

香格里拉是藏传佛教概念即“香巴拉”一词的拼写错误。

第六世班禅大师，在几百年前写的“香巴拉经文”中描述过它。古印度往世书可以追溯到几千年前，它描述为喜马拉雅山脉北部的一片“净土”。

在20世纪20年代，一个叫约瑟夫·洛克的国家地理探险家，来到云南藏区，喜马拉雅山以北，在当地听取了有关香巴拉的传说。詹姆斯·希尔顿的《消失的地平线》就是基于约瑟夫·洛克刊登在《国家地理》杂志上所报道的资料而写成的。“香格里拉”其实是“香巴拉”一词的简单拼写错误。

因此，我要找到它。在2002年，我关闭我的投资律师事务所，拿了一个背包，搭车去了西藏。

我去寻找香格里拉。

我脑海中只有一个问题。香格里拉在哪里？

它是一个地方，一个想法或是一种心态？

其他人紧随其后。

我们成立了探险队。

不久，我们有了一个电影摄制组。

之后我们拍摄了一部电影。

它后来成为一本书。

再后来，它变成了一个多媒体作品。

在路上，沿途中，我从当地人那里学到很多。在云南，各少数民族都有自己的圣山，代表对大自然的尊重和以自然的方式生活。对于他们来说，生态文明不是什么新鲜事物。它是一种生活方式。

十年后，通过喜马拉雅随笔系列（《寻找香格里拉》《与神山对话》和《香巴拉经文》），我可以分享我的旅程。

有时候，我发现，在寻找香格里拉的旅途中，过程比到达终点更重要。

一路上，我遇到的艺术家、作家、音乐家、活佛、僧侣、牧民，很多人都来自不同的族群通过各种不同的可持续经济模式在保护他们的文化和生存环境。

这些人改变了我的生活，我感谢他们。

感谢是因为他们改变了我的思维方式。

图书在版编目(CIP)数据

与神山对话 / (美) 龙安志著. -- 北京 : 五洲传播出版社, 2014.6
ISBN 978-7-5085-2764-2

Ⅰ. ①与… Ⅱ. ①龙… Ⅲ. ①游记-作品集-美国-现代 Ⅳ. ①I712.65

中国版本图书馆CIP数据核字(2014)第122524号

出 版 人: 荆孝敏
作　　者: (美)龙安志
责任编辑: 张　红
助理编辑: 董　智
装帧设计: 谢金宝

与神山对话

出版发行:五洲传播出版社
地　　址:北京市海淀区北三环中路31号生产力大楼B座7层(100088)
电　　话:010-82005927,010-82007837(发行部)
网　　址:www.cicc.org.cn
开　　本:155mm×230mm　1/16
印　　张:13
版　　次:2014年7月第1版　2014年7月第1次印刷
设计承制:北京正视文化艺术有限责任公司
印　　刷:北京利丰雅高长城印刷有限公司
书　　号:ISBN 978-7-5085-2764-2
定　　价:39.80元